书山有路勤为泾,优质资源伴你行
注册世纪波学院会员,享精品图书增值服务

项目管理核心资源库
PMI-PMP认证考试参考用书

项目管理工具箱

高效完成项目的100个技巧
（第3版）

THE PROJECT MANAGEMENT TOOL KIT
100 Tips and Techniques for Getting the Job Done Right,
Third Edition

[美] 汤姆·肯德里克 著
（Tom Kendrick）
李聃 译

电子工业出版社
Publishing House of Electronics Industry
北京·BEIJING

The Project Management Tool Kit: 100 Tips and Techniques for Getting the Job Done Right, Third Edition by Tom Kendrick

Copyright © 2014 by Tom Kendrick

Simplified Chinese edition copyright © 2022 by Publishing House of Electronics Industry Co., Ltd.

Published by arrangement with HarperCollins Leadership, a division of HarperCollins Focus, LLC. All rights reserved.

本书简体中文字版经由 HarperCollins Leadership 授权电子工业出版社独家出版发行。未经书面许可，不得以任何方式抄袭、复制或节录本书中的任何内容。

版权贸易合同登记号 图字：01-2021-3846

图书在版编目（CIP）数据

项目管理工具箱：高效完成项目的 100 个技巧：第 3 版/（美）汤姆·肯德里克（Tom Kendrick）著；李聃译. —北京：电子工业出版社，2022.4
（项目管理核心资源库）
书名原文：The Project Management Tool Kit: 100 Tips and Techniques for Getting the Job Done Right，Third Edition
ISBN 978-7-121-43182-1

Ⅰ. ①项⋯ Ⅱ. ①汤⋯ ②李⋯ Ⅲ. ①项目管理 Ⅳ. ①F224.5

中国版本图书馆 CIP 数据核字（2022）第 054442 号

责任编辑：卢小雷
印　　刷：三河市华成印务有限公司
装　　订：三河市华成印务有限公司
出版发行：电子工业出版社
　　　　　北京市海淀区万寿路 173 信箱　邮编：100036
开　　本：720×1000　1/16　印张：18.75　字数：336 千字
版　　次：2022 年 4 月第 1 版（原著第 3 版）
印　　次：2022 年 4 月第 1 次印刷
定　　价：88.00 元

凡所购买电子工业出版社图书有缺损问题，请向购买书店调换。若书店售缺，请与本社发行部联系，联系及邮购电话：（010）88254888，88258888。
质量投诉请发邮件至 zlts@phei.com.cn，盗版侵权举报请发邮件至 dbqq@phei.com.cn。
本书咨询联系方式：（010）88254199，sjb@phei.com.cn。

前　言

（请首先阅读本前言）

如果有一天，你有幸脱颖而出，能亲自负责一个项目，那么你会忙得不可开交。时间的压力、项目的复杂性，以及缺乏足够的资源等，会使你的工作既富有挑战性，又困难重重。成功的项目管理需要你高效、出色地执行项目工作，即使你的经验不足也要做到应付自如。

与本书的前两版一样，第 3 版汇集了一整套短小精悍、易于应用，并且被实践证明行之有效的项目管理实用技巧。在本书中，为了便于查找，在每个技巧中，与交叉引用的相关技巧用粗黑体字标出。这些简洁概括的技巧，能帮助你在项目管理工作中持续提升能力，不管这些项目的规模是大是小，时间是长是短，项目生命周期是"敏捷型"还是"瀑布型"，或者是在这两者之间。对于项目管理的新手，你可以将这些技巧作为实施路线图，以了解在一个未曾涉足过的环境中必须做些什么；对于经验老到的项目管理人员，则可以把这些技巧作为一张对照检查表或提示表，以提醒自己不要遗漏任何关键事项，特别是当一个项目出现了不寻常的需求时更是如此。

本书建立在可靠和实用的概念之上，这些概念已被众多成功的项目经理运用在各个领域。本书还包含项目管理协会（Project Management Institute，PMI[®]）《PMBOK[®]指南》（第 5 版）中所列出的所有领域内的过程。本书提供了"如何做"的指南，包含了《PMBOK[®]指南》中的所有相关元素，以及对项目管理者有用的其他事项。

所有的项目都各有千秋，毫无疑问，每个项目都需要使用超出本书范围的技巧来处理独一无二的挑战，以应对具体项目的独特之处。尽管本书介绍的所有技巧并不是每个项目都需要运用的，但是它们中的绝大多数都已被证明是行之有效的，特别是在对你的具体项目做出必要的微小调整后，更是如此。

本书所介绍的技巧按照下述说明加以分类。编号为Ⅳ～ⅩⅢ的各类技巧分别对应《PMBOK®指南》中的十大知识领域。第Ⅰ～Ⅳ类技巧包含来自《PMBOK®指南》第4章（项目整合管理知识领域）中的方法，以及其他较为一般性的项目管理方法；第Ⅴ～ⅩⅢ类技巧可直接映射到《PMBOK®指南》中除第4章外其余章节的知识领域，并且按照在实施项目时通常使用的顺序，将有关的具体做法和概念汇集在一起。此外，本书还为编号为56、61和62的技巧提供了流程图和相关说明，以显示这些技巧是如何相互关联的。

Ⅰ．通用管理的技巧

44　项目管理工作的组织

57　项目的生命周期

60　项目办公室

59　项目的目标和优先级

65　项目愿景

54　项目章程

55　项目的基本框架

88　用于项目管理的软件和技术工具

61　制订项目管理计划

62　项目计划的执行

31　半路接手一个项目

6　项目取消

89　项目的发起

Ⅱ．领导力的技巧

99　转变为项目领导力

34　领导力

- 94 制订计划研讨会
- 24 赋予责任
- 30 无职权的影响力
- 9 教练和辅导
- 38 激励（积极性）
- 43 组织变革
- 76 奖励和认可

Ⅲ. 团队合作的技巧

- 23 决策
- 14 冲突解决
- 5 头脑风暴
- 21 创新的解决问题方法
- 15 为你的想法建立共识
- 25 德尔菲技术
- 28 全球化团队
- 36 矩阵型团队（跨职能团队）

Ⅳ. 项目整合管理的技巧

- 56 项目启动
- 32 整体变更控制
- 58 项目度量指标
- 26 挣值管理（EVM）
- 42 磋商项目变更问题
- 53 项目基准的设定
- 64 项目偏差分析
- 33 问题管理
- 7 因果分析法
- 47 将问题上报

27　预测项目完成

63　项目评审

8　结束项目

V．项目范围管理的技巧

86　规划范围

72　收集需求

22　客户访谈

35　市场调研

85　定义范围

100　工作分解结构

84　范围变更控制

87　确认范围

VI．项目进度管理的技巧

83　规划进度

1　定义活动

2　估算活动持续时间

4　排列活动顺序

3　估算活动资源

16　约束条件管理和优化计划

39　多个依赖项目

82　制订进度计划

81　控制进度

VII．项目成本管理的技巧

20　规划成本

19　估算成本

17　成本预算

75　投资回报率分析

40　多个独立项目

18　控制成本

Ⅷ．项目质量管理的技巧

69　规划质量

67　质量保证

68　控制质量

48　过程改进

Ⅸ．项目资源管理的技巧

29　规划人力资源

71　对所需技能的分析

96　获取团队

74　职责分析

73　资源平衡

97　建设团队

98　管理团队

45　工作绩效问题的解决方法

Ⅹ．项目沟通管理的技巧

13　规划沟通

37　会议

10　非正式沟通

12　管理沟通

95　收集状态情况

46　演讲

11　沟通控制

XI. 项目风险管理的技巧

78 规划风险管理

77 识别风险

66 定性风险分析

70 定量风险分析

80 规划风险应对

79 监控风险

XII. 项目采购管理的技巧

52 规划采购

50 实施采购

41 合同谈判

51 控制采购

49 结束采购

XIII. 项目相关方管理的技巧

92 识别相关方

93 规划相关方参与

91 管理相关方参与

90 监督相关方参与

目 录

1. 定义活动 ·· 1
2. 估算活动持续时间 ··· 4
3. 估算活动资源 ··· 7
4. 排列活动顺序 ··· 10
5. 头脑风暴 ·· 14
6. 项目取消 ·· 17
7. 因果分析法 ·· 19
8. 结束项目 ·· 22
9. 教练和辅导 ·· 26
10. 非正式沟通 ·· 28
11. 沟通控制 ·· 30
12. 管理沟通 ·· 33
13. 规划沟通 ·· 35
14. 冲突解决 ·· 38
15. 为你的想法建立共识 ·· 41
16. 约束条件管理和优化计划 ·· 43
17. 成本预算 ·· 46
18. 控制成本 ·· 48
19. 估算成本 ·· 51
20. 规划成本 ·· 53
21. 创新的解决问题方法 ·· 56

22	客户访谈	59
23	决策	61
24	赋予责任	64
25	德尔菲技术	67
26	挣值管理（EVM）	69
27	预测项目完成	72
28	全球化团队	76
29	规划人力资源	81
30	无职权的影响力	84
31	半路接手一个项目	87
32	整体变更控制	89
33	问题管理	92
34	领导力	95
35	市场调研	98
36	矩阵型团队（跨职能团队）	100
37	会议	103
38	激励（积极性）	107
39	多个依赖项目	110
40	多个独立项目	114
41	合同谈判	117
42	磋商项目变更问题	120
43	组织变革	123
44	项目管理工作的组织	126
45	工作绩效问题的解决方案	128
46	演讲	130
47	将问题上报	133
48	过程改进	135
49	结束采购	138
50	实施采购	140
51	控制采购	144
52	规划采购	147

53	项目基准的设定	150
54	项目章程	153
55	项目的基本框架	156
56	项目启动	159
57	项目的生命周期	162
58	项目度量指标	166
59	项目的目标和优先级	172
60	项目办公室	176
61	制订项目管理计划	178
62	项目计划的执行	181
63	项目评审	184
64	项目偏差分析	187
65	项目愿景	190
66	定性风险分析	193
67	质量保证	196
68	控制质量	198
69	规划质量	201
70	定量风险分析	203
71	对所需技能的分析	206
72	收集需求	208
73	资源平衡	211
74	职责分析	213
75	投资回报率分析	215
76	奖励和认可	218
77	识别风险	220
78	规划风险管理	223
79	监控风险	225
80	规划风险应对	227
81	控制进度	231
82	制订进度计划	234
83	规划进度	239

84	范围变更控制	242
85	定义范围	246
86	规划范围	249
87	确认范围	251
88	用于项目管理的软件和技术工具	253
89	项目的发起	256
90	监督相关方参与	259
91	管理相关方参与	261
92	识别相关方	263
93	规划相关方参与	265
94	制订计划研讨会	267
95	收集状态情况	270
96	获取团队	273
97	建设团队	275
98	管理团队	278
99	转变为项目领导力	281
100	工作分解结构	284

项目进度管理的技巧

1
定义活动

> **内容**：用文件的形式记录各项活动，这些活动来自项目工作分解结构（Work Breakdown Structure，WBS）的最低层，并且为每项活动指定一个负责人。
> **阶段**：在项目规划期间。
> **结果**：清楚地描述所有已被确定的项目工作，并且予以授权。

一般来说，活动是在规划项目管理、跟踪检查和控制项目过程中所分解出的最小的工作部分。在某些项目中，活动可以是一项任务、一个要解决的问题、一个工作包等，我们通常可以使用实例或其他描述符号对其进行说明。

核实活动

活动的划分是**制订项目管理计划**的关键一步。在确定**工作分解结构**后，必须对所有列出的工作进行核实。接着，根据你的项目**规划进度**开始收集各项活动的信息。如果这些来自最低层的某项活动需要一个月以上的时间才能完成，或者需要花费超过80个工作小时才能完成，那就要对该项活动进一步进行分解。

人们常常会忽视一些与组织、商务或法律等问题有关的工作，如**项目的生命周期**检查点的准备、方法或法规要求、项目和其他问题的考察、要做的报告、必须创建的特殊项目文件等。一旦你发现有任何疏漏的活动，就必须将它补充至你的工作分解结构和项目范围基准。

活动说明

应当将来自项目工作分解结构最低层的各项条目转化为能够被估算、设定进度和跟踪检查的系列活动。要检查每个活动是否都代表了一项独立的、可以进行分割的，并且具有自己起始点的工作。对每项工作而言，都必须清楚地记录其所需要的前提条件。要从必须完成的工作内容和达到任务可提交的条件等方面，对每项最低层的工作包进行简要说明（例如，安装电源，编辑用户的文件等）。这样的文字说明能够确保活动明确无误，并且会使得制订计划和跟踪检查更为方便。

为每项最低层的活动确定一个或多个具体的可提交条件。对于每个可提交条件，要具体规定予以接受和测评的标准。要清楚地说明与这些标准、绩效或特定质量水平有关的各项要求。对于一项活动，如果没有一个人能够清楚地规定可提交的条件，那么该项工作可能是不必要的，从而可以考虑将其剔除。

指定负责人

应当为每项最低层的活动指定一个肯干且能干的负责人。要为所有确定的工作寻找自告奋勇的承担者，请记住，所有没有指定负责人的工作，都将由你自己承担。

对于每项活动，要指定一个人，并且仅指定一个人对其负责，然后将该项工作全权委托给他，使用**赋予责任**。该负责人应当对该项活动的计划、估算、监督和报告负全面的责任，但不必所有的事情都亲力亲为。在某些情况下，该负责人将领导一个团队来从事该工作，或者仅仅为外包工作充当联络员的角色。要为每项活动确定所需要的技能、人员配备及其他资源，并且根据这方面的信息来完成你的**职责分析**和**对所需技能的分析**。

确定里程碑

项目活动除了耗费时间和精力，在项目进度方面还要有相应的里程碑，里程碑是同步项目工作并标记重大项目过渡的事件。使用里程碑的情况包括：

- 项目的开始。

- 项目的结束。
- 完成了相关的并行活动。
- 工作阶段的关口，或者项目生命周期阶段的转换点。
- 重大的决策、批准或事件。
- **多个相互依赖项目的接口处。**
- 与其他外部活动的依赖性和可交付成果。

在确定里程碑时应当列出所有的项目里程碑。

记录活动的文件

要在你的项目日程表软件内，或者使用其他恰当的方法，将所有的活动记录在案，记录内容包括：活动的名称、负责人、前提条件、交付说明、识别码（根据你的工作分解结构层次图、工作阶段或循环阶段出现的优先级，或者其他设置方法）及其他重要信息。该活动表（它常常是工作分解结构词典、"燃尽"表或计划记录的一部分）是制订项目计划、进行风险分析、对项目进行监控的基础。必须向所有的活动负责人提供他们所负责活动的全面说明。

要将活动的划分作为制订其他计划的基础，这些计划包括：**估算活动持续时间、估算活动资源、排列活动顺序、制订进度计划、估算成本和识别风险**等。

随着项目计划的制订和项目的实施，要随时掌握各项活动的情况。要定期检查和更新活动表，以反映项目在实施过程中出现的额外工作，特别是那些由于**范围变更控制**所引起的，或者在**项目评审**过程中没有被发现的额外工作。

项目进度管理的技巧

2

估算活动持续时间

> 内容：预测所有确定的项目活动所需要的持续时间。
> 阶段：在项目规划和项目执行期间。
> 结果：估算所有项目任务所需要的工作日时间。

确定完成时间

对于**制订项目管理计划**而言，估算出所需要的完成时间是至关重要的。在你的项目中**定义活动**，对于所列出的每项任务，要使用**职责分析**及其他的规划数据来编制时间估算表，其单位为工作日，可以使用你在**规划进度**中采取的方法进行估算。在估算活动持续时间时，可以利用以下各种资源：

- 历史数据（以往的教训、**项目度量指标**等）。
- 活动负责人的分析结果，以及个别团队成员的经验。
- 来自以前类似工作的数据。
- 专家意见（咨询师、同行好友、经理、行家的建议等）。
- 公开发表的资料（互联网、论文、文章、专业杂志等）。
- 基于参数或尺寸的公式（凭经验进行的估计、复杂性分析、分量或模块计算、函数点和其他系统分析，以及体积、面积、长度或其他参数的测量）。
- 团队分析（**德尔菲技术**、将工作进一步分解）。

如果活动持续时间的初步估算值超过了你的标准时间范围（典型的最长时间为 20 个工作日），那就要考虑将活动进一步分解。请注意，要对项目的**工作分解**

结构进行更新，以便反映你所做出的任何调整。

将持续时间进一步精准化，并且与资源和估算成本相协调

通过考量该项目的具体因素，将你初步得出的持续时间估算值进一步精准化。这些因素包括：
- 具体的人员配备数据，这些数据来自**规划人力资源**管理和**职责分析**。
- 项目的约束条件和前提条件。
- 任何已知的延迟，或者基于**排列活动顺序**而需要对工作进行协调的时间。
- 在**定义范围**过程中的任何不清楚的项目规范。
- 项目范围可能发生变化。
- 技术的复杂性。
- 对可靠性和绩效有异乎寻常的高要求。
- 需要革新、调研或发明。
- 要考虑是否有捷径或其他能缩短完成时间的替代方法。
- 总的项目时间。
- 要考虑与其他项目之间的协调性，以及是否与其他工作有冲突。
- 与培训和学习曲线相关的问题。

估算持续时间是和**估算成本**及**估算活动资源**密切相关的。你先做哪个估算都可以，但在最终将项目基准计划确定前，必须将它们统筹考虑。在必要时，要对估算活动的持续时间值进行调整，以确保与你的成本和工作量分析保持一致。

考虑风险和使用其他方法

一旦你对持续时间做出了"最有可能"的估算，那就要对失败模式和可能产生的问题进行研究。你必须确定最坏情况对项目进度的影响。

考虑到各种不确定性，你可以使用计划评审技术（Program Evaluation and Review Technology，PERT）的公式来对估算值进行调整。该公式为：$t_e = (t_o + 4t_m + t_p)/6$。其中：$t_e$ 是加权平均的"期望"完成时间，它是根据 t_o（乐观

值，也就是"最佳情况"下的完成时间）、t_m（最有可能的完成时间）、t_p（悲观值，也就是"最坏情况"下的完成时间）等计算出来的。在**识别风险**的工作中，要把重要的悲观估算值作为一项风险考虑进去，并且使用最坏情况下的估算值来为你的整个项目进度留出适当的余地。

对于没有把握的活动持续时间估算值，你可以考虑采用其他方法来估算，例如使用老的、更加可靠的方法来估算，这些方法可以产生更加精确的估算值，并且降低风险程度。如果不确定性很高，可以采用为持续时间估算值设定一个范围的方法。

记录完成时间的数据

在**制订进度计划**时，要将持续时间估算值以工作日为单位记录至文件。制订进度计划的**项目管理软件和技术工具**需要持续时间估算值，而它们的数据库是储存该数值的标准场合。精确的**项目偏差分析**则取决于详细的时间信息。

更新持续时间估算值

要随着项目的进展，随时修订持续时间估算值，并且要在整个项目实施期间，使用**控制进度**方法来解决与时间相关的问题。

特别是对那些费时较长的项目，要在**项目评审**期间，定期检查和更新持续时间估算值。

项目进度管理的技巧

3

估算活动资源

> 内容：预测项目活动所需要的人员、设备及其他资源。
> 阶段：在项目规划期间。
> 结果：所有项目活动的详细资源需求，它是估算成本的基础。

确定活动所需要的资源

在进行资源分析时，首先要确定，你的项目在完成每项任务时都需要什么，而这些任务就是你在**定义活动**时所列出的那些任务，并要根据你的项目**规划进度**来完成。

对于大多数项目的任务而言，它所需要的主要资源（有时候甚至是唯一的资源），就是你单位里那些积极肯干的员工。在对内部员工进行评估时，首先，要确定员工需要具有的特殊技能，其次，对每类员工的工作量进行全面估算。

可以通过对每项活动**进行所需技能的分析**，来确定员工类型。对**工作分解结构**得出的每项最低层次的活动，要对每类专业活动的工作量进行估算（其单位为员工和时间的结合，如多少人·天或工程师·小时）。有关活动工作量的数据，可以从以下渠道获得：

- 历史数据（以往的教训、**项目度量指标**、来自**挣值管理**分析的数据等）。
- 活动负责人的分析结果，以及个别团队成员的经验。
- 来自以前类似工作的数据。
- 专家意见（咨询师、同行好友、经理、行家的建议等）。
- 公开发表的资料（互联网、论文、文章、专业杂志等）。

- 基于参数或尺寸的公式（凭经验进行的估计、复杂性分析、分量或模块计算、函数点和其他系统分析，以及体积、面积、长度或其他参数的测量）。
- 团队分析（**德尔菲技术**、将工作进一步分解）。

如果初步的活动资源估算值超过了你的标准时间范围（典型的最长时间为 80 小时），那就要考虑将活动进一步分解。要注意对项目的工作分解结构进行更新，以反映出你所做的任何调整。

将工作量的估算值进一步精确化，并且与估算的任务完成时间相协调

要对每个具体项目活动的工作量估算值进行调整，这种调整所需要考虑的资源和人员配备因素包括：

- 来自**规划人力资源**管理和**职责分析**的员工配置数据。
- 员工的能力和生产力。
- 根据讨论和资源日程表的数据，判断能否获得所需要的员工。
- 项目的约束条件和前提条件。
- 所期望的员工数量或**实施采购**的延误。
- 可能的员工流失。
- 团队的规模。
- 项目的工作环境，以及工作被中断的次数。
- 团队成员在地理上的相互分隔情况。
- **管理沟通**的工作，以及项目团队的**会议**情况。
- 可能需要更少工作量的其他替代方法。
- 与其他项目的协调，或者与其他工作的冲突。
- 与培训和学习曲线相关的问题。

个别员工的绩效及由此做出的工作量估算，其差异会很大。如果团队数据是不完整的，或者某项活动缺少指定类型的员工，那么就要通过确定一个工作量范围来反映这种不确定性。

活动资源工作量的估算与该**估算活动持续时间**密切相关。先做哪项估算都可以，但在最终将项目基准计划确定前，必须将它们统筹考虑。在考虑了会议、电

子邮件、电话、休息、吃饭和其他中断工作的情况后，得出一个在工作日内实际用于项目活动的工作时间。通常，可以有 5～6 小时的实际工作时间，但是对于某些员工，这个时间可能更少些。在必要时，要对活动持续时间进行调整，以确保与实际的员工配置相一致。

确定其他资源

除了内部员工，项目活动可能还需要其他资源。要对每个项目活动所需的其他资源做出定量估算。与所有活动有关的所需资源包括：
- 外包工作（来自**实施采购**）。
- 硬件和其他设备的购买。
- 共享或租用设备的费用。
- 供应品及所需要的部件。
- 购买软件、许可证及支持性工作。
- 沟通工具，如音频、视频设备和计算机网络等。
- 各种服务，如运输成本、维修、复制和印刷等。
- 出差费用。
- 其他产生直接成本的资源。

记录资源估算值

要将项目活动所需的资源记录在案，用来支持**估算成本**和制订项目管理计划。精确的**项目偏差分析**也需要资源的详细信息。

如果你的资源估算值与能够承担项目工作的人员数不一致，那就要考虑使用数据来支持**获取团队**（或**规划采购**），或者在必要时，**磋商项目变更问题**。

更新资源估算值

要随着项目的进展，随时修订工作量估算值，并且要在整个项目实施期间，使用**控制成本**的方法来解决资源方面的问题。

特别是对于那些费时较长的项目，要在**项目评审**期间定期修正资源估算值。

项目进度管理的技巧

4

排列活动顺序

> **内容**：确定项目活动的依赖关系。
> **阶段**：在项目规划期间。
> **结果**：用图或表归纳项目的工作流程。

考查项目数据

通常，在**制订项目管理计划**期间，排列活动顺序是与**估算活动持续时间**及**估算活动资源**同时进行的，并且要与**规划进度**相一致。排列顺序就是由下到上的工作流程分析过程。它不应建立在随意强加的、由上到下的、规定时限的基础上。一旦出现重大的进度问题，应当通过**约束条件管理和优化计划**，以及**磋商项目变更问题**来解决，而不应通过一味地强加不现实的进度要求来解决。

一开始，要收集项目的里程碑、**定义活动**的数据，以及其他的项目信息，如组织标准、**项目的生命周期**，以及方法要求、约束条件、前提条件等。

确定依赖关系

有许多可以将项目流程模块化的方法，然而确定活动网络的最方便和最有效的方法是这样的：将各项活动和里程碑说明写在一张张黄色不干胶标签纸上，然后将它们排列在一张大纸（或墙）上，这样，可以方便地把它们重新排列。与其他方法相比，这种手工进行的项目流程分析（也叫作先后顺序图解法）有几大优点：

- 与将依赖关系数据直接输入项目进度软件的做法相比，这个做法最容易促使你的团队成员共同参与分析。
- 所有人对各项活动之间的关联都能一目了然，从而可以很方便地进行修改。而计算机的屏幕很小，有时候，各项活动之间的关联和依赖关系显示得不是很清楚，从而可能让你忽略了一些关键的联系。
- 采用这种可触摸、可移动的标签纸来编制项目流程网络，是一项利用"右脑"的创造性活动。相对来说，右脑具有更有远见的和更全面的分析功能。

在着手该工作时，先放置初步确定的里程碑，然后根据工作的逻辑关系和活动可交付成果的前后关联性将相应的活动和里程碑连在一起。有几种联系类型几乎可以体现所有的项目依赖关系，它们是：

- 结束—开始。工作是按照顺序展开的。在一项或多项后续活动开始前，前续活动必须已经完成。这种关联性是最常见的，在创建项目进度的软件中，这也是默认的联系类型。
- 开始—开始。工作的展开是同步的。当几项活动必须同时启动（并行实施）时，就出现了这种联系类型。
- 结束—结束。活动的可交付成果是同步的。这种"结束—结束"联系类型常常出现在这样的情况下：一旦活动的可交付成果没能尽快得到利用，这些可交付成果就会变化或劣化。
- 开始—结束。一项活动开始将迫使前续活动结束（这种联系类型实际上很少出现）。

项目经理还可以使用滞后—提前法，也就是通过规定各项活动之间的进度差来对各项活动进度进行调整。这种滞后—提前法可以采用结束—开始、结束—结束，或者开始—开始等联系类型。

鉴于项目网络是按照时间序列体现的流程，因此，这种关联性（通常用箭头来连接各项活动和里程碑）一定不能形成一个返回到它们自身的闭合回路。一旦出现这种情况，可以通过添加新的活动来进行修订。项目进度软件会对此进行检查，并且不允许产生这种闭合回路。

某些活动的依赖关系是强制性的，项目流程的本质就是如此。其他的依赖关系则可以自行决定，只要不对项目产生影响，可以使用"如果……将会……"

（what...if？）分析方法进行重新设置。项目活动也可能与一些外部事件有关，或者与不可更改的固定日期所带来的时间约束条件有关。当你进行工作流程分析时，应当确定并注意每个你认定的依赖关系的灵活性。

将项目工作顺序记录在案

要检查并确保每个活动和里程碑向后与至少一项前续活动相联系（除了最初那个里程碑），向前与至少一项后续活动相联系（除了最后那个里程碑）。可以绘制一张如图4-1所示的图来表示。要确保该网络中每条通路的流程具有连续性。如果你发现有逻辑不通之处，也就是你确定的活动需要有其他还没有被发现的工作作为前提，那就把它加入工作流程图，并且更新**工作分解结构**。

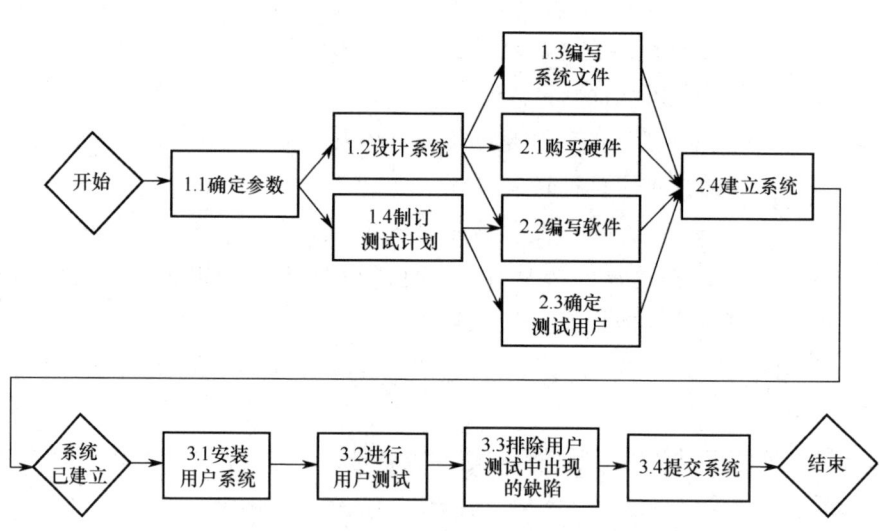

图4-1　太空漫步者项目的工作分解结构

可以使用项目图示法来支持制订**项目进度计划**及关键路径分析。这种网络图还有其他几个名称：

- 先后顺序图。
- 项目逻辑网络。
- PERT（尽管和真正的"计划评审技术"不是一回事，但是这种用法已经很普遍了)。

如果你打算选择用于**项目管理的软件和技术工具**来为你的项目规划进度,那就要将来自网络的依赖关系数据输入这些工具的数据库。

在**项目评审**期间,要定期修正那些连接未来活动的依赖关系,对于那些用时较长的项目尤其需要这样做。

团队合作的技巧

5

头脑风暴

> 内容：利用团队来产生更多的奇思妙想。
> 阶段：在整个项目期间。
> 结果：提供大量可供考虑的选项。

准备工作

就拓宽思路而言，尽管头脑风暴并不总是一个最有效的措施，但在许多工作中，对于另辟蹊径，以及**建设团队和培养**合作精神来说，它都是十分有用的。这些工作包括：

- 制订项目管理计划。
- 问题管理。
- 识别风险。
- 规划风险应对。
- 定义范围。
- 因果分析法。
- **决策**过程。
- 创新解决问题的方法。

头脑风暴是一种集思广益的技巧，它依靠团队的集体智慧和相互启发来获得事半功倍之效。它将那些对当前情况或问题可能有真知灼见的人集合起来，以孕育出解决问题的好点子。

如果问题尚不明确的话，那就应当设法提供一份清晰明了的问题说明列表，并鼓励大家进行讨论。要把该列表张贴在人人都能看得见的地方。

集思广益

在开始这项工作时，要向团队成员提供纸张或黄色标签纸，并鼓励大家独立、专心地写下尽可能多的点子。将每个点子分别记录在一张单独的纸上。要求大家集中注意力，并且要求那些提前写完的人依然保持肃静，以便让其他人继续思考。

当大家都写完后，请每个人都大声读出他众多点子中的一个，并且把每个点子都张贴在大家都能看得见的地方。你持续不断地听取每个人的点子，直到把大家所有的点子都汇集到一起，并列出一份清单，包括有些人在听取别人点子时冒出来的新点子。

在汇集点子的过程中，不允许大家对别人的点子评头论足。要将注意力集中在尽快汇集所有的点子上。

当团队成员都知晓了所有的点子后，开始询问，是否有人对清单上的某个点子有疑问。允许提出该点子的人来回答这些疑问，但是也鼓励其他人对该点子进行补充和完善。在对该点子进行重大修正时，应当取得点子提出人的同意。

整理该清单

当不再有问题时，对该清单进行提炼。如果某些点子是雷同的，就把它们合并到一起。如果某些点子看起来差不多，但是提出该点子的人认为它们不是一类，那就把这些点子分别列出。

在必要时，对该清单进行删繁就简。如果该清单列出的点子超过 20 项，让大家进行三轮或四轮投票，以选出大家最欣赏的点子。接着，通过保留那些得到大多数人赞同的点子，来简化该清单。

运用系统的方法来对选出的点子进行排序。可以对这些点子进一步讨论，以得到有关成本和效益方面的信息，或者通过加权参数和相对评价等方法进行系统化的**决策**。另一个做法是，让每个人都依次列出该清单上他认为好的点子，然后进行汇总，从而得出大家都最看好的点子。

在使用头脑风暴来进行团队决策时，应当将重点放在第一选项上，并且对与该选项有关的事情或可能出现的问题进行讨论。如果没有人提出反对意见，就可以结束头脑风暴工作了。如果有人不同意，那就对清单上列出的第二或第三选项进行讨论，或者修改你的评价方法。要力求取得大家一致同意的决策。

在结束会议时，要将会议结果记录在案，并进行实际应用。

通用管理的技巧

6

项目取消

> **内容**：在项目预定完成日之前，终止这个出现了麻烦的项目。
> **阶段**：在项目执行期间。
> **结果**：对于一个注定不会成功的项目，将所花费的时间、精力和资金降到最少。

不管看起来多么有价值，前景如何好，但并非每个项目都能善始善终。当明白无误地知道一个项目无法取得最终成功时，尽快以积极的态度将其处理掉，这将会带来更多好处。

承认问题

提前终止一个项目的原因之一就是，该项目的进展无法满足**项目的目标和优先级**的要求，而**项目偏差分析**可能揭示：

- 进度延迟了，或者在项目实施过程中出现了问题。
- 资源耗费过多。
- 人手、资金或其他资源不足。
- 使用现有的技术和能力无法实现项目要达成的范围。

终止项目的其他原因可能与更高层级的商业考虑有关，例如：

- 用户的需求或市场改变了，或者出现了更有竞争力的供应商。
- 注意力转向更加紧迫的项目或其他工作。

- 总的经营战略改变了。
- 了解到有太多的类似项目正在进行。
- 资金链断裂或项目发起人跑了。

评估你的形势

只要实际可行，就要努力设法使你的项目起死回生。要进行**项目评审**，查实项目的现实情况。可以使用**因果分析法**来了解项目的问题出在哪里。要探索下一步工作的各种选项，如**问题管理**、**工作绩效问题解决方案**、**磋商项目变更问题**、为项目寻找新的**项目发起人**、**问题上报**或其他替代办法。

终止

对于那些无法挽救的项目，要把有关情况记录在案，并通告所有的相关方。其内容包括：对项目情况的总结，以及你考虑的替代方法；你建议的终止时间和处理员工问题的方法等。如果合适，还可以将重启该项目所需要的条件也记录在案。

取消项目需要获得批准，然后使工作有一个合理的结束。**结束项目**（即使取消一个项目）需要完成以下工作：

- 将已经达成的结果记录在案。
- 记录得到的教训，清楚地描述造成提前终止项目的情况。
- 把该项目的各种数据存至你的项目管理信息系统。
- 向参与该项目的有关人员致谢。
- 完成**结束采购**及所有其他有关财务方面的工作。

要尽可能妥善地做好项目终止工作，并使每个参与该项目的员工能积极转入其他工作。要防止出现"过河拆桥"和互相指责的情况。

项目整合管理的技巧

7

因果分析法

> 内容：找出产生问题的原因。
> 阶段：在整个项目期间。
> 结果：查明项目当前或可能出现问题的根本原因。

找出产生问题的原因

因果分析法可用于范围广泛的各种场合，例如：
- 问题管理。
- 项目偏差分析。
- 控制进度。
- 控制成本。
- 范围变更控制。
- 工作绩效问题解决方案。
- 规划风险应对。
- 过程改进。
- 创新解决问题的方法。
- 故障诊断、质量保证和控制质量。

这些实质上类似的方法可以有许多名称，如根源分析法、失败模式和效果分析（Failure Mode and Effect Analysis，FMEA）法、鱼骨图（Fishbone Diagram）、石川图（以石川馨博士的名字命名，他是日本质量活动专家，以推动该项工作和提出相关概念而闻名于世）。

描述结果

不管该方法怎样命名，首先都必须毫不含糊地说明存在的问题、事件、风险或其他棘手之处。要对产生的结果进行定量说明，用尽可能具体和可测量的数据来描述该结果。

应当邀请项目的团队成员和可能具备相关知识的相关方参加讨论。要确保每个人都了解情况，并且能够用自己的话来进行描述。

找出根本原因

作为一项集体活动，**头脑风暴**可能找出导致各种不希望的结果的原因。要尽快从你的团队成员那里收集尽可能多的意见。要收集各种资料，如已经记录在案的问题、过去得到的教训，以及先前项目、检查表和样板中的数据等。可以使用**规划质量**管理中的"五问法"，以探究深层次的原因，而不仅是表面的症状。收集各种意见的重点要放在数量上，而不是质量上，因为你可以随后对这些意见进行甄别。

把得到的结果汇总为一个总的原因类别表，例如：
- 项目范围问题。
- 项目进度问题。
- 员工和资源问题。
- 成本问题。
- 组织结构问题。

图解和形成文件

如图 7-1 所示，可以采用鱼骨图来醒目地展示根本原因，以加深对情况的理解。在必要时，可以用次级类别来对原因进行逻辑分类，然后审议得到的结果，

7 因果分析法

看看这样做是否又引出了其他原因。

将这些根本原因记录在案，然后用这些文件来理解和处理出现的问题。

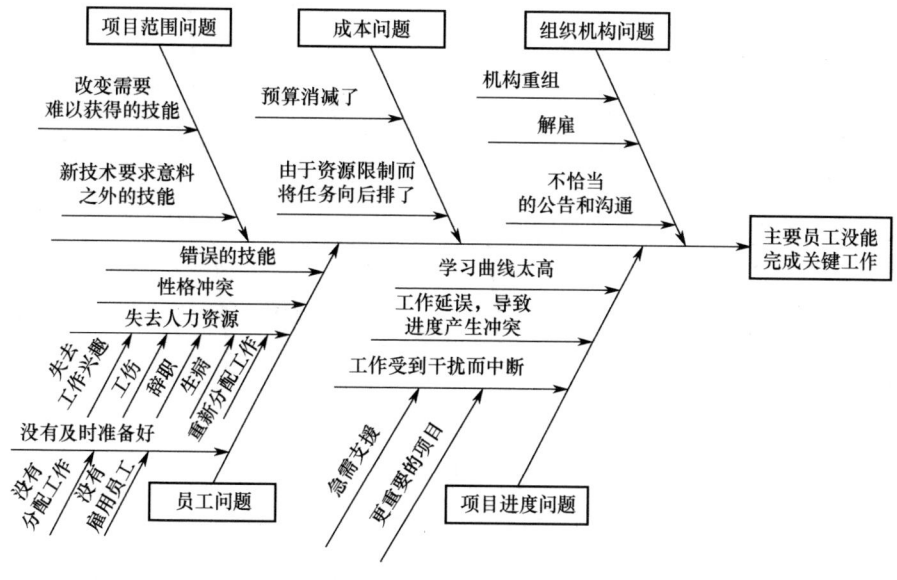

图 7-1　鱼骨图的例子

项目整合管理的技巧

8

结束项目

> **内容**：在一个项目或工作阶段结束时，完成相应的项目管理工作。
> **阶段**：在项目（或工作阶段）收尾期间。
> **结果**：项目的完工文件、批准及记录的经验教训。

这个活动被用于关闭一个项目。它也适用于项目评审，可针对那些较长周期的项目，尤其是在生命周期各阶段间、迭代间或阶段—关口转换时。

获得正式验收

审核该项目**收集的需求**，以及项目所定义的**范围和范围变更控制**的各种记录，以核实项目可交付成果的需求。核实所有的测试结果是否与双方同意的具体参数一致。

与那些必须参加项目结果评审的人合作，以完成项目**范围确认**。要正式确认所需的项目可交付成果已达到项目目标。如果没有问题，则项目的发起人必须签字，在必要时，还应有客户或其他相关方的签字。如果所进行的项目需要付费，那么，要确保客户已按照合同规定的条款及时并如数地进行付款。

如果项目由于某些客观原因而无法交付，那么应当就已经交付的部分结果进行书面确认。即使该**项目取消**了，也要将所有已经完成的工作记录在案。

做好项目文件

无论项目的最终结局如何，你都要编写一份报告，来总结工作结果，并且向所有的参与者表示感谢。该报告在格式上类似常规的**管理沟通**中的项目报告。通过该报告来通知每个人，该项目已经结束了（或者，在完成了项目的一个阶段或一次迭代时，通知他们，你将转入工作的下一阶段了）。

在该报告的一开始，应当有一段高层级的概括，其中包括最值得重视的成果。在该报告的余下部分，要强调项目团队取得的成绩，并且向做出特殊贡献的人士和集体给予正式表扬，还要包括可回顾的各种**项目度量指标**及其他绩效信息。

将项目（或阶段）的收尾报告及更新的或创建的任何其他项目文档和报告添加至项目信息归档。

结束各项合同和财务工作

完成所有与该项目的合同服务有关的文书工作，批准支付所有到期的应付款。如果某个合同存在纠纷或问题，应当尽快解决并向上级报告。对于已经执行完的合同，在**结束采购**的同时要支付所有已发生的款项，以便结束该合同。

对该项目的**控制成本**工作及财务信息进行总结，以确保项目的财务工作能够准确、及时地处理。

感谢团队成员并进行庆祝

作为项目（或工作阶段）结束工作的一部分，你要当面或以书面的形式向大家表示感谢。对于那些普通员工，还应当正式地就这些员工的贡献向他们的主管经理表示感谢。对于那些对项目有功的人员，可以使用**奖励和认可**的方式进行鼓励。

在项目结束时，应当召开大会。即使该项目还存在问题，也要找出成绩，并肯定这些成绩，以一些积极的做法来结束该项目。庆祝活动要讲求实效，不必铺张奢华。对于**全球化团队**和分散在各处的**矩阵型团队**，则应当为每个地点都组织类似的庆祝活动。

记录得到的教训

要通过项目事后回顾分析来最终结束一个项目。要在项目或一个重要阶段完成后，马上会见你的项目团队，找出那些做得好的地方，同时也要找出需要进行改进的地方。

为此，要在完成该项目（或者开始**项目生命周期**的下一个阶段，或者开始一个长时间项目的又一次迭代）时，约定时间召开一次项目过程审查**会议**。要在大家对该项目依然记忆犹新的时候，安排足够的时间来收集有关信息。即使一些小项目，也会产生许多信息，值得花费半天的时间来召开项目回顾分析会。可以考虑在会前发放一张调查表，以促使大家思考哪些做法应当保留，哪些做法应当修正，或者建议做出哪些变更。

要落实出席该会议的团队成员和其他应当参会的人员，并且得到他们确定参会的承诺。最好的会议形式是面对面的会议，但是对于虚拟团队，则应当使用最好的用于**项目管理的软件和技术工具**。

要确定会议的议程，并对以下内容分别安排一定的时间：

- 好的方面：做得好的事情，以及可以重复使用的方法。
- 希望做出变更的地方：那些需要改进或更换的方法。
- 将大家提出的建议进行提炼、优化。
- 所有出席会议者的最终意见。

在召开会议前，要收集准确的、最新的项目信息，包括所有最终的项目文件，还要设法让大家能接触以下文件：

- 该项目实际的及原先计划的进度信息。
- 该项目实际的及原先计划的资源和成本信息。
- 该项目**整体变更控制**的历史资料。
- 该项目的**问题管理**历史和问题上报的资料。
- 该项目的各种**项目度量指标**和绩效报告。

在这种总结经验教训访谈会的开始,要向大家通告会议议程和会议的基本规则。要始终聚焦于议题本身,避免进行人身攻击和相互指责。要挑选一个人担任记录员,记下大家提出的意见,如果首选的记录员也参与了本项目,那么可以让大家轮流担任记录员,以便让每个人都能关注所讨论的议题,或者至少应当能在会议的大部分时间内做到这一点。

首先,要讨论本项目令人满意的方面。要找出本项目成功的方面和良好的具体工作方法,记下本项目特别值得骄傲的地方,找出今后能够继续使用或进行发扬光大的一些新方法。

其次,当大多数好的方面已经得到确认时,就要把重点转到需要改变的地方。识别需要改进的领域,以及应当简化或取消的工作。如果发生了争论,可以使用本项目的有关文件和项目度量指标来进行**冲突解决**。可以使用**因果分析法**来找出根本原因,也可以使用**头脑风暴、创新解决问题的方法和过程改进法**等来找出应对措施。

最后,在结束会议时,要借助集体**决策**法来集中考虑如何改进工作,并且将那些最有意义的建议归纳总结出来。如果需要进一步分析,则为该工作指定一个负责人,并确定完成的时间。

在结束会议时还要听取大家的反映。鼓励大家就今后打算如何以不同的方式工作的想法进行交流。

在会议后,要整理收集到的信息,然后编写一份简短明了的总结,记下会议的成果和关键的建议。将该总结发放给各位参会者,并在项目信息归档中保存一份。

要贯彻和落实主要的建议。在你的权限范围内,进行必要的变更。为了扩大这种改进的影响,可以编写一份商业文案,然后向你的上级管理部门提出建议。在对每项经验教训进行分析后,挑选出某些需要变更的方面,以处理至少一个已识别的问题。

对开展的所有变更措施进行监督,以确保变更取得预期的结果,不要弄巧成拙,造成不良后果。

领导力的技巧

9

教练和辅导

> 内容：与团队成员分享专业知识，提高其所需要的技能。
> 阶段：在整个项目期间。
> 结果：改进了团队合作，取得了更好的项目成果。

寻求得到帮助的机会

通过使用**所需技能的分析**方法，找出团队在本项目中的能力不足之处。如果能切实发现本项目所需要的特殊能力，则团队也可从中获益，弥补不足。在查找团队的**工作绩效问题解决方案**时，可以使用教练方法。

要对团队的弱点进行评估，特别要注意的是，在应对某些威胁和风险时，需要一些特别的技能，而团队所缺乏的可能恰恰就是这些技能。

要将个人目标与本项目和公司的需要协调一致。要询问团队成员，了解他们希望学习什么和做什么，并且通过这些信息来指导**建设团队**的工作，从而提高大家的工作**积极性**。要时刻不忘路线图和**项目愿景**。在**赋予责任**的同时，要寻找机会为你的项目团队培养新技能。

打造一个开放的环境

要增进相互信任并加强团队合作精神，这样，大家就会畅所欲言，勇于讨论任何问题和事情，而不必担心会受到批评和指责。要鼓励"及时雨"精神，对需

9　教练和辅导

要帮助的人积极伸出援助之手，当他们从事你指派的工作时，要鼓励团队成员勇于说出自己缺少哪些相应的技能和经验。为了展现你的**领导力**，就要从自身做起，对你希望的团队行为，应当以身作则，起到模范带头作用。要说话算话，要抽时间与大家进行**非正式沟通**，并且愿意把你的专业知识教授给大家。

保密

有效的"传帮带"需要考虑周全。学会包容，每个人都有缺点或不足之处，人们有时还可能不假思索地提出一些"愚蠢的问题"。当你既作为团队成员的良师益友，又是其经理时，情况就比较微妙了。所以这种"传帮带"做法常常在本单位之外最有可能成功，因为在这种情况下，暴露令人尴尬的不足之处不会产生太糟糕的结果。

建立持久的关系

要与时俱进地增进这种教练和辅导关系。要建立长期的双向关系，在某些情况下，双方原有的角色会互换，师傅也需要向别人学习。要鼓励那些得益于"传帮带"的人与大家分享自己学到的东西。

项目沟通管理的技巧

10

非正式沟通

> 内容：定期进行没有特定目的的沟通。
> 阶段：在整个项目期间。
> 结果：良好的团队关系、更少的误解和提前发现的潜在问题。

就项目工作而言，非正式沟通至少和正式沟通一样重要。许多风险和问题都是首先通过谈话，以及与其他团队成员的交流发现的，而**管理团队**和增进团队成员之间的关系也有赖于这些非正式沟通。

充分利用非正式沟通的好处

在整个项目工作期间，无论是在咖啡机旁、过道、停车场还是其他场所，进行非正式的交谈都是一种非常重要的沟通方式。成功的项目领导者应当努力开展这种非正式的交谈。无论你与团队成员，还是团队成员之间，"软数据"或其他有价值的项目情况常常就是在这些并非有意进行的交谈中浮出水面的。

即使对于**全球化团队**来说，尽管你很少能与其他人面对面地交谈，但一旦有可能，就要充分利用这难得的机会进行四目相对的交谈，以推进彼此的关系。当你身处外地时，可以使用电话进行交流。要定期给你的团队成员打电话，即使没有什么紧急的项目工作问题，也要询问他们正在做什么。

对于非正式的团队沟通而言，社交软件也提供了巨大的机会。虽然过度使用这些方法会降低工作效率，令人烦恼，但是，恰当地使用即时通信和社交软件等能增加信任，强化整体关系，并提升团队的凝聚力。

开展有组织的非正式沟通

许多项目领导者每周抽出时间至少进行一次"四处闲逛式管理"（Manage By Wandering Around，MBWA），这对于增强团队成员之间的相互信任和推进团队成员之间的融洽关系是特别有效的方法。虽然最好的做法是，自己亲力亲为且不带任何特定目的地进行当面讨论，但它也可以成为**收集状态情况**的一种方法，或者为了讨论其他项目而定期举行的一对一谈话或电话沟通等活动的一部分。通过询问团队成员的兴趣爱好、家庭成员情况，以及其他与项目无关的事情，就能增进私人关系，并有助于提高团队成员的**积极性**，特别是当这种谈话的时间不长，且内容仅限于你们二人共同感兴趣的话题时，尤见成效。

在团队活动、时间较长的会议（如**项目启动研讨会和项目评审会**），以及项目庆祝活动期间，开展非正式沟通也有很多的好处。在利用里程碑和其他关键项目日期来组织相应的活动时，至少要安排一部分时间让大家自由地开展人际交往，以增进团队成员之间的相互关系。特别是对于那些费时较长的项目来说，这种非正式的活动对于促进团队合作是十分有效的，但是在选择采取何种活动方式上，应当让大家都有发言权。必须避免那种让人反感的、被迫从事的团建活动，因为那只会让人们心烦并分散团队的注意力。让大家一起吃吃饭，出去远足，看看电影，或者开展彼此都有兴趣的活动，则能增强团队凝聚力，无须赘言，这种凝聚力对于项目健康开展是极为重要的。

项目沟通管理的技巧

11

沟通控制

> **内容**：向团队成员、相关方和其他有关人员及时提供项目信息，通告项目的进展情况。
> **阶段**：在整个项目期间。
> **结果**：随时获知所需要的项目信息能清晰地跟踪项目的进展情况，并用期望的标准来评估所取得的实际成果。

评估工作进展

在**项目计划的执行**阶段，实时沟通项目控制情况和报告项目进展情况是一个核心问题。**收集状态情况**，进行**项目偏差分析**，并在必要时对项目采取补救措施。只有在报告了有关信息和项目控制情况时，才算完成了项目跟踪工作的一个循环。在记录项目绩效前，核实进度、成本和其他**项目度量指标**的重大偏差，并确保你反映的问题与下列各项是一致的：

- **整体变更控制**。
- **范围变更控制**。
- 控制成本。
- 控制进度。
- 控制质量。
- 问题管理。
- 项目的目标和优先级。

审议项目绩效

可以使用项目度量指标（如挣值管理）来测量项目绩效及**预测项目完成**情况。

要定期（如在**项目评审**期间）通过项目的各种数据来分析项目的发展趋势，从而找出可能发生的问题、进展不好的方面，以及新出现的项目风险等。

报告项目进展情况，更新项目信息管理系统

正如项目**规划沟通**中所规定的那样，对于每次项目状况循环（通常是每星期一次）要以书面形式报告项目的进展情况。只有当这个报告既不草率，也不啰唆冗长时，它才是最有效的。过于简略或过于烦琐，都会使人迷惑不解，从而失去项目控制的作用。你的报告必须以事实为根据，坚持实话实说；哪怕有坏消息也不要隐瞒。

可以采用标准的报告格式，要始终以一段简要的情况综述来开头。要把这段综述的篇幅限定在半页纸以内，并且要包括不超过七项简短的项目成就、后续步骤和问题的介绍。这个综述应当简洁明了，因为收到这个报告的某些人可能在看完这个综述后就不再往下看了。

在这个综述之后，应当按照重要程度排序，附加上补充信息。可以通过删除不那么重要的信息的方式，来为不同的读者定制该报告，而不必另外再编写一份。典型的项目情况报告的内容包括：

- 项目实施情况概述，包括已完成的工作、计划和问题等。
- 变更请求的情况。
- 项目进度概述，包括计划的进度、实际的进度、预期的进度等。
- 资源概述，包括计划的资源、实际的资源、预期的成本和资源需求等。
- 详细的项目分析，包括对任何偏差的说明。
- 介绍当前和最近要结束的工作。
- 风险报告，包括正在进行的应对风险的工作情况。
- 其他细节、图表和必要的补充信息等。

一定要对你的报告进行校对，排除错误、遗漏和语义含混之处。要对出现的

问题提出改正措施，并且要用所有读者都能明白的术语来替换那些技术行话、缩略语和俗语。

将报告发给团队成员、相关方，以及**管理沟通**工作所涉及的其他人。应当利用该项目进展报告来有效支持**管理相关方参与**。

要将所有的报告存档至项目管理信息系统（Project Management Information System，PMIS），以便日后参考。在**项目取消**后，也可以用你存储的这些信息来分析所得到的教训。对于那些在每次报告周期中因项目进展而需要更改的所有项目文件，都必须及时更新，并且在每次**项目评审**期间，对 PMIS 中的内容进行全面的再评估。

项目沟通管理的技巧

12

管理沟通

> 内容：根据基准计划，将项目信息正式归档并记录项目绩效。
> 阶段：在整个项目期间。
> 结果：定期的、准确的报告和总结，以及全面的和容易获取的项目数据。

建立项目沟通

在管理日常的项目**规划沟通**工作时，可以使用你的沟通计划来满足团队成员的需要。要利用你掌握的所有沟通方法，并且采用团队成员认为最方便和最有效的那些方法，向他们提供有关信息。团队成员需要各种详细信息，因此要确保人们可以轻松且准确地阅读各种图、表、计划文件，以及其他格式化的信息，同时，还要确保所有用于项目沟通的软件和技术工具都是能够兼容的。

在整个项目工作期间内，在日常的沟通过程中，应当使用标准格式，以方便接收者找到有关信息。要尽量少用缩略语、技术行话、俗语，以及其他人可能不熟悉的语句，因为这些可能使你的团队成员感到迷惑不解，特别是对于那些虚拟团队或**全球化团队**成员来说尤其如此。如果你确实需要使用一些别人可能不好理解的术语，请在第一次使用它时给出其定义。

常规性的项目报告

在整个项目工作期间，在**收集状态情况**并进行报告时，应当始终如一地使用

沟通控制工作中的那些方法。在每个状态周期内，一定要进行**项目偏差分析**，并且要按计划及时编写并发送准确的项目状态报告，即使在紧迫和危机时刻也要如此。要利用你的项目报告来使大家明了项目的进展情况，并且使相关方随时了解有关问题，以及你解决这些问题的计划。

提交给高级别人士的管理报告

在向**识别相关方**活动中列出的那些有影响力的人士（列在相关方目录中的人士，包括项目发起人、经理，以及其他可能对项目产生影响的人）提供项目信息时，在提交前一定要对信息进行分析。报告的开头应当有一个简短的、包含你的主要观点的综述。为了使那些复杂的或技术性的信息变得清晰明了，可以绘制各种图、表，并进行文字描述，以便尽可能地让那些未深入参与项目的人也能明白。在与高级别人士沟通或进行演讲时，要尽量去掉那些不必要的细节。

维护项目管理信息系统

要确保你存档的项目信息是最新的。在你发送报告和其他沟通材料时，要把它们添加至 PMIS。每当项目出现一些变更，而这些变更会影响你的跟踪日志、**项目章程**或其他文件时，要确保 PMIS 的内容得到更新。

项目沟通管理的技巧

13

规划沟通

> **内容**：编制一份项目的沟通计划文件。
> **阶段**：在项目规划和项目执行期间。
> **结果**：一个项目沟通管理的框架，它能确保与相关方进行及时和有效的沟通，从而有助于项目的顺利实施。

确定沟通要求

对**项目的基本框架**决策方案进行审查，然后确定你打算如何处理所有正式的沟通问题。确定项目团队所需要的内部沟通的报告制度，明确提供报告的频度（至少每星期一次）。确定外部沟通的报告制度，也就是在**识别相关方**活动中列出的人士，特别是项目发起人所需要的报告制度。为所有的项目沟通工作指定负责人，运用**赋予责任**将这些沟通责任授权给团队中的其他人，或者由你自己承担。为例行的**会议**、沟通及报告制定日程表，用来支持**项目计划的执行**。

要考虑选用最佳的沟通工具。要为你的**管理沟通做计划**，要充分利用各种能够获得的、有效的、可用于**项目管理的软件和技术工具**。在整个项目期间，要使用一切沟通方式：正式的和非正式的，书面的和口头的，等等。要根据已制定的**项目的基本框架**，来选择适合不同情况的沟通方法，如表 13-1 所示。

表 13-1 沟通方法

类 别	相 同 地 点	不 同 地 点
同一时间	• 会谈 • 会议	• 电话 • 电话会议

(续表)

类　别	相 同 地 点	不 同 地 点
同一时间	• 网络 • 各种团队活动 • 庆祝会	• 视频会议 • 网络会议 • 社交软件
不同时间	• 报告 • 简讯 • 录音 • 录像 • 黄色不干胶标签纸 • 备忘录	• 音频邮件 • 电子邮件 • 传真 • 网站 • 网络合作工具 • 内部办公邮件 • 其他邮件

建立项目管理信息系统

制订一份**沟通控制**计划，将项目数据存档至 PMIS，并确定如何存储、在何处存储，以及存储多长时间。如果你的项目涉及保密内容或知识产权，那就要考虑如何保护项目数据。要确定哪些人能够阅读和更新存档数据，并且要设计一个系统，将那些无权访问这些数据的人排除在外。

应当为与项目相关的文件提供存放的场所，例如，**项目章程**和其他项目要求的文件；项目计划、状态报告、演示文稿；在项目实施过程或**问题管理**中产生的相关沟通文件；**整体变更控制**日志和在**项目取消**时产生的文件等。如果这些文件没有被储存在网络上，那就要建立一个系统，将这些文件分开存放在各个项目团队的所在地，并且要设法确保所有存档的数据都与最新版本的文件相一致。

形成计划文件并取得批准

将你的决定形成文件，并且识别那些在沟通计划中需要的，但你手头还不具备的硬件设备，以及那些超出了项目规定费用支出的物品。将你的计划提交给项目发起人审核，并取得相应的批准。

使用你的计划

　　安装电话会议的设备，并购置那些与远程虚拟团队或**全球化团队**沟通所必需的硬件设备。在第一次使用前，请对你的系统进行测试。如果有问题，要立刻进行必要的升级或维修，并且要对未来的可能变更统筹考虑，以确保这些设备在今后能够互相兼容。

　　在必要时，应当对你的计划进行更新，以确保在整个项目期间进行的信息沟通能够便捷和畅通。对于用时较长的项目，要在**项目评审**期间重新评估沟通需求。

团队合作的技巧

14 冲突解决

> 内容：在产生意见分歧后，设法维护团队的团结。
> 阶段：在整个项目期间。
> 结果：团队的持久合作和凝聚力。

了解冲突的来源

无论何时，只要团队成员在一起工作，就会产生冲突。要想避免分歧扩大，首先必须明了产生冲突的原因。表 14-1 列出了一些典型的冲突原因及其相应的补救办法。

表 14-1 典型的冲突原因和补救办法

冲突原因	补救办法
相互重叠的责任	• 明确地定义活动 • 明确授权的责任
不同的文化、观点、看法和背景	• 进行有效的管理团队和建设团队的工作 • 召开项目启动研讨会 • 避免在全球化团队和矩阵型团队中易产生的相互干扰
误解	• 周密的规划沟通管理 • 有效的沟通控制
缺乏信任和人际关系	• 定期进行面对面的会议 • **教练和辅导** • 增强无职权的影响力

处理冲突

要在一开始就及时发现和正视所出现的矛盾。可以使用开放式问卷来调查和收集信息。设法了解产生冲突的原因，而注意倾听是冲突解决的基本方法。

人们会以不同的方法来处理冲突。如果问题不大，不会产生太严重的后果，最好的办法就是，通过相互包容让事情过去就算了。你甚至可以什么事情都不做，只是退让一步，该干什么还干什么。如果问题很大，造成的后果会很严重，这时，项目领导者就必须介入，着手解决问题，甚至迫使对方听从。

在项目团队中，人们需要合作共事，保持彼此间的信任和良好关系。要想保持团队的凝聚力，前面所说的那些办法就不那么奏效了。从长期来看，或许只有斗争—妥协才是好办法。有时候，冲突的处理无法使每个人都同样满意。这时，你可能需要通过寻找"第三条道路"来成功地处理冲突，也就是找出与团队成员的最初看法都不相同的，但是大家都能接受并付诸实施的做法。毕竟，合作常常需要每个人都后退一步。

面对问题

在处理团队内部的冲突时，首先要亲自会见当事人（或者通过适当的会议）以便大家能公开地讨论出现的问题。

要清楚地陈述问题的情况，并且要确认有关人员都希望化解这些冲突。

考虑所有人的观点

要允许每个人都表达自己对冲突的观点，不要让其他人对其观点进行评论或批评。

要鼓励人们把问题搞清楚。把话题集中在事实和数据上，不要情绪化。要通过倾听、解释、有建设性的反馈及公开提问等方法来获得理解。

要用时间、金钱，或者其他能够进行客观比较的具体参数来把新找出的办法和看法进行量化。

寻求"双赢"的解决方案

可以使用**头脑风暴**来产生其他替代方案，并且把大家提出的想法进行综合。利用你已掌握的信息和**创新解决问题的方法**来产生新的、有可能得到广泛接受的更好的点子。

可以使用系统的**决策**方法来获得大家的认可，或者至少得到每个人都能接受的结果。

对于得到的结论，要进行确认并记录在案。

当你无法处理冲突时，要寻求帮助

当遇到特别重大的外部障碍或内部冲突时，你可能无法在团队内部处理这些问题。那么，将问题上报或许是最后一招。有时，你可能不得不采用这种寻求项目发起人或上级领导者给出强制性解决方案的做法。不过，你只能偶尔为之，**频繁地将问题上报**，会使团队成员心生反感并产生抵触情绪，从而进一步激化冲突。（老是给上级领导者找麻烦肯定也不是什么好主意。）

团队合作的技巧

15

为你的想法建立共识

> **内容**：让团队成员都赞同你的想法。
> **阶段**：在整个项目期间。
> **结果**：让大家完全接受并赞同你的行动计划。
> **注意**：这个办法只适用于需要获得大家同意才能实施某个想法的情况，对于一般的团队问题解决过程，应当使用**决策**方法。

计划

概述你要应对的情况。在将其记录下来后，写下你能想出的所有解决办法。不要仅限于你自认为最好的那个方案。

识别你必须获得其赞同的团队成员、相关方及其他人员。确定一个时间和地点来会见这些人。要他们承诺出席这次会议。

从这些决策人的角度，对每个可能的解决方案进行分析，要注意效益、成本或其他可能的反对意见。如果你认定的方案依然是最佳的全面解决方案，那就要对任何可能的反对意见都做好有效的应对。

对于这次**会议**，要进行全面的计划。要设定一个议程表，内容包括：介绍要处理的问题；对问题进行讨论；进行集体分析；得出结论等。把你的分析意见、对要解决问题的简要说明、你建议采取的措施等都记录下来，并且明确地阐述并量化各项效益和成本。如果你打算做一个正式的报告，请仔细地撰写，并对你打算说的内容预先排练一下。

会议

让大家对你的议程表进行评审，并对问题的各种细节进行讨论，包括如果不采取任何措施可能产生的后果。

向大家介绍你建议的解决方案，要强调这个方案的主要效益是什么。继续进行仔细研讨，向大家表明，你的方案是如何解决问题的。

请大家提出问题，进行评论，表明疑虑，以及提出反对意见。要认可大家提出的意见，并且用准备好的资料来回答。要鼓励大家对你的方案提出修改意见，因为这些意见会使你的方案更加完善，并且要采纳大家提出的任何有益的建议。

询问大家是否还有其他的良言善策，如果有，可以将其与你的方案一起讨论。提出任何与成本或其他缺陷有关的问题，并使用你预先准备好的、与其他方案有关的各种数据来进行说明。

将你的方案的优点和已讨论的替代方案的优点分别进行归纳。将重点放在归纳出大家都认可的那些方面。

设法使大家就单一的解决方案达成一致意见。如果你的准备充分，并且你的建议有价值，那么大家会赞同你的想法。

最后，要感谢大家对你的想法的认可，在将会议决定记录在案后散会。

付诸行动

向所有本项目的贡献者传达会议的决定，并将你的建议付诸实施。

项目进度管理的技巧

16

约束条件管理和优化计划

> 内容：消除项目的约束条件与从细节到总体计划间的差异。
> 阶段：在项目规划和项目执行期间。
> 结果：能够实现全面目标的项目进度，或者一个或多个替代方案中的最佳选项。

记录约束条件和限制条件

针对制订项目管理计划的结论，要审核并记录**项目的目标和优先级**，以及在**项目启动**阶段编写的**项目章程**中所确定的那些前提条件及约束条件。还要注意以下各点：

- 项目实施过程中的各个里程碑，以及完成关键目标的日期。
- 从**获取团队**和**规划人力资源**管理中得到的人员配备要求。
- 对技术和其他**所需技能的分析**，包括在**职责分析**中没有发现的技能缺口。
- 与**多个依赖项目**相联系的接口和依赖关系。
- 在规划过程中发现的任何其他限制条件、约束条件或问题。

识别从细节到总体计划与项目目标间的不符之处

将既定的项目目标与你制订的计划相比较。找出你制订的进度计划（依据**估算活动持续时间**和**排列活动顺序**做出的），与项目截止日期之间的问题。识别从细节到总体的**成本预算**（依据**估算活动资源**和**估算成本**做出的）与项目预算预期之间的差异。总结项目所**定义的范围**与项目团队实际能完成的范围之间存在的问题。

将其他重要问题也记录下来，包括：项目中间可交付成果的时间要求和参数、**资源平衡**的概况、**所需技能的分析**，或者你的规划工作与项目的预期和约束条件之间的各种不吻合之处。

利用优先级来进行调整

考察项目的优先级，使用**头脑风暴**对计划进行修正，使计划与优先级相一致。如果项目进度是头号问题，那么在必要时要对资源和项目范围进行调整，以符合规定的项目截止时间的要求。在进行优先级排序时，使用**用于项目管理的软件和技术工具**会使这种排序更加容易。

资源计划的调整可能包含以下方面：

- 重新安排工作进度，或者进行**资源平衡**，以充分利用现有资源。
- 将那些不十分关键的工作先放一放。
- 将那些从事非关键性工作的员工调至更重要的工作岗位。
- 根据**实施采购**，将外包工作交给外部员工来做。
- 从本单位内的其他部门抽调员工，以增加重要工作的人手。
- 升级或更换设备来提高工作效率。
- 通过**过程改进**方法来提高工作效率。
- 将手工操作自动化。
- 使用**奖励和认可**来提高员工的工作效率和**积极性**。
- 通过培训、**教练和辅导**或建设团队，来提高或增加新技能。
- 减少干扰、注意力分散及其他前后矛盾的承诺等情况。

通常，还会有这种情况：某些项目参数不是十分重要，或者其进度不是非常关键，这时可以考虑对项目范围进行调整，例如：

- 对项目的具体要求进行优化，剔除那些不重要的要求。
- 将某些要求推迟至下一步工作（或者下一个工作循环和阶段）来完成。
- 在一个更长的时间框架内，拉长完成工作的周期。

- 降低所需工作的复杂性。
- 寻找资源再次利用和发挥调配作用的机会。
- 购买所需的部件,而不是自己制造它们。

即使进度是你的头号问题,也可考虑对进度做如下变更:

- 修正各项活动的依赖关系。
- 通过增加资源来加快工作的执行速度。
- 通过获得支持来加速完成关键工作,推迟进行不重要的工作。
- "快行道"法——将一项工作分解为一些可以齐头并进的小部分工作。
- 早于规定的日期开始工作。
- 在非工作日安排加班(但要小心,这会产生出乎意料的和事与愿违的结果)。

将最佳计划记录在案

考虑你被授权做出的各项变更,力求制订一份能够满足所有项目目标和约束条件的计划。如果你成功了,就要设法取得团队的支持,将完成的计划记录在案,并将它用于**项目基准的设定**。

如果所做的最佳计划无法满足项目目标,那就要在满足最重要项目目标的前提下,制订至少两份内容尽可能接近的替代计划。在项目基准的设定和**项目计划的执行**前,在与项目发起人和相关方**磋商项目变更问题**时,就可以使用这些替代计划来为你的意见提供支持。

项目成本管理的技巧

17

成本预算

> 内容：依据从细节到总体做出的计划，确定所希望的项目总成本。
> 阶段：在项目规划和项目执行期间。
> 结果：依据详细的计划数据，得出切实可行的项目预算。

确定项目的直接成本

要利用项目**成本规划**，编制一份项目预算。项目预算是根据**估算各项活动资源**和**估算成本**做出的。将所有与活动有关的估算成本累加在一起，它们包括：劳动力（依据工作量的估算和适当的人工费率）、**实施采购**、设备、材料、软件、出差、支持性费用、培训、**沟通管理**、服务，以及项目的其他直接费用支出。

确定项目的预算和项目的成本结构

成本预算首先是对整个项目的上述成本进行累加。而项目总预算则是与项目活动有关的所有直接成本和与项目层级有关的各种管理费用之和。与项目一级有关的各种管理费用包括：**获取团队**、经常性费用，以及其他与项目有关的各种间接费用。对于用时较长的项目，或许还要考虑工资的变动、合同的重新谈判，以及通货膨胀等因素的影响。

项目预算还包含**规划风险应对**中所确定的预算准备金问题。所有这些项目成本的总和就是预计的项目完工预算（Budget At Completion，BAC）。

通过将项目预算融入**制订进度计划**，你就可以创建项目的成本结构了。它是计划价值或工作进度预算成本（Budgeted Cost of Work Scheduled，BCWS）的基础，可用于**挣值管理**。这种按照工作阶段测算的成本，反映的是在项目期间的每个阶段所需要支出的费用。

你可以手工制作资源表或电子表格来显示项目的成本（或工作量）结构，也可以使用**用于项目管理的软件和技术工具**来自动生成成本结构柱形图。这时，你要用到来自**规划人力资源**管理所提供的资源日程表数据。如果使用成本类别码，你还可以得到各类成本的结构图。成本结构图分析可以用于**资源平衡**，也可以为**投资回报率分析**提供重要的数据。

审核项目成本

将项目总预算与项目的财务目标进行比较，看看这个细致入微的分析是否与项目发起人和各个相关方所预计的成本一致。如果差距很大，那么，无论是对于总成本，还是对于时间成本，都可以通过**约束条件管理和优化计划**来尽量缩小这个差距。

如果在付出最大努力后，仍然有问题，则可以通过**磋商项目变更问题**来解决预算问题。设法确定一个实际可行的预算作为**项目基准的设定**的一部分。当计划表明所需预算超出了原先的预计时，要把讨论重点放在对所需预算和项目价值的比较上（而不是一个武断的成本目标）。

管理成本预算

将项目成本基准记录在案，并在整个**项目计划的执行**期间，用它来跟踪检查项目的绩效情况。

要通过**控制成本**来管理预算。要在**项目评审**期间定期检查预算的执行情况，在必要时进行修订。

项目成本管理的技巧

18

控制成本

> 内容：监督项目成本，管理项目资源的使用。
> 阶段：在项目执行期间。
> 结果：准确的项目支出跟踪和调整计划（以管理预算的执行情况）。

摸清情况和分析偏差

控制成本是实施**项目计划**的核心问题。在项目跟踪检查期间，控制成本的工作应当在**收集状态情况**和进行**偏差分析**后进行。如果你把一些工作外包了，那么，控制成本也包含了**控制采购**。在项目的任何阶段，只要你发现项目出现了重大的成本或工作偏差，或者你的**挣值管理**数据超出了限定的范围，就必须开展控制成本的工作。对于每种偏差，都要使用**因果分析法**来找出其根本原因和对预算的影响。如果根本原因与个人或团队的**工作绩效问题解决方案**有关，那就要借助员工绩效问题解决方案。要确定这种影响是一次性的还是短期性的，或者其根本原因是长期性的（它是否是一种长期性的）、慢性的问题，或者它是否代表着一种恶化的趋势。

为采取应对措施制订计划

对于每项你发现的成本（或工作量）偏差，你都要重新审议**项目的基本框架**和**整体变更控制**过程，以确保与大家一致同意的原则和**规划成本**管理相吻合。

邀请团队成员参加**问题管理**活动，以制订应对计划。要尽量多收集各种观点和解决问题的意见。

可以通过**预测项目完成**情况来确定问题对项目总成本的影响。依据问题的严重程度及其根本原因的性质，有以下几种应对方式：

- 只需要进行微小的变动就能与**项目的目标和优先级**一致起来。
- 实施在**规划风险应对**过程中所确定的应急计划。
- 对项目进行大幅度修改。

对于重大的成本事项，可以采用**头脑风暴**来解决偏差应对的问题。应使用**制订项目管理计划**所确定的方法，特别是**约束条件管理和优化计划**方法，来寻求各种选项。在探索"如果……则……"的各种可能场景时，**用于项目管理的软件和技术工具**也是有用的。要针对每种偏差的根本原因，而不是表面的"症状"来制订应对计划。要避免仅仅采用你构思出来的第一个办法，力求多找出几个可靠的应对措施。典型的应对方式包括：

- **资源平衡**。
- 延长进度。
- 为项目工作找到低成本的替代品。
- 从其他项目那里调入资源。
- 减少项目可交付成果的范围。
- 实施在类似情况下曾使用的应对计划。

对于那些无法用常规分析解决的问题，要试试**创新解决问题的方法**。对于这种应对计划的制订，既要安排合理的时间，又要避免"分析麻痹症"（沉迷于没完没了的分析之中）。要为制订计划设定一个期限，并且在该期限内使用系统的**决策**方法来选出最佳的方案。

采取行动和记录结果

在实施应对计划前，要对该计划进行验证。要对该计划是否与你设定的优先级和期望结果相一致进行验证。如果该应对计划涉及对项目的变更，则必须通过**范围变更控制**过程来得到批准。对于重大的变更，需要与项目发起人和有关的相关方进行讨论。在必要时，要**将问题上报**以得到批准。一些重大的变更或许还涉及**整体变更控制**问题，会导致重新进行**项目基准的设定**。

向项目团队成员通知该计划，并且通过**监督相关方参与**，来让每个人都了解你的计划，然后实施计划。

在实施过程中，要进行监控，以确保计划实现所期望的成果，而没有造成不利的或意料之外的后果。如果问题依旧存在，则要通过另外的计划来获得更好的解决方案。

要对那些受到你决策影响的项目文件和计划文件及时更新，以反映**成本预算**的最新估算值。要通过你的报告和**管理沟通**，让大家随时掌握项目的情况。

项目成本管理的技巧

19
估算成本

> **内容**：预测项目活动的成本。
> **阶段**：在项目规划和项目执行期间。
> **结果**：得到项目活动所需所有资源的估算成本。

估算项目的人工成本

估算成本是**制订项目管理计划**的核心问题，它要求工作量的估算值必须与你在**定义活动**过程中列出的每项任务的**成本规划**一致。必须对依据**估算活动资源**所得出的工作量和资源分析进行核实。

在计算工作量的成本时，你可以使用你希望的人工费用，也可以使用你单位对参与本项目的每类员工设定的人工费率标准。（如果两者都不可用，那么，可以用平均工资的两倍作为大概的人工费率来进行估算。）

确定其他成本

在某些项目中，除了劳动成本，可能还有其他的成本。这些其他成本往往与**实施采购**、**控制采购**、设备、材料、软件、支持、培训、**管理沟通**、服务及其他直接费用有关。要对这些费用进行估算，并且验证它们是否与你的资源分析结果一致。

计算成本，并进行调整来应对不确定性

对于每个项目活动，将人工成本和其他费用相加，可得出"最有可能"的估算成本值。为了使所有的估算成本都能精确化，必须建立和始终使用相同的标准。具有三位以上有效数字的估算值，其精度就很高了。

一旦你得出了基本的估算成本值，就要探究失败的模式和可能发生的问题。要确定最坏情况对成本和资源可能造成的影响。

PERT 给出了一个公式，在考虑不确定性问题时，你可以用它来对估算成本值进行调整。该公式为：$c_e=(c_o+4c_m+c_p)/6$。其中：c_e 是加权平均"期望"成本，它是根据 c_o（乐观值，也就是"最佳情况"下的成本）、c_m（最有可能的成本）、c_p（悲观值，也就是"最坏情况"下的成本）计算出来的。在**识别风险**工作中，要特别重视这个重要的悲观值估算，因为在为整个项目确定预算准备金时，必须要考虑它。

记录成本数据

将项目活动的成本值记录在案，用来支持**成本预算**、**资源平衡**分析及**挣值管理**分析。对于财务工作来说，如果这是你项目工作的标准做法，则可以将这些估算成本值分配至相应的会计科目或类别，也可以把估算成本值储存至**用于项目管理的软件和技术工具**、时间跟踪或财务数据库等。**项目偏差分析**和**挣值管理**也有赖于可靠的项目估算成本。

更新估算成本值

在整个项目工作中，每当你需要通过**控制成本**来处理资源问题时，就要对成本和工作量估算值进行修订。

在**项目评审**期间，要定期对成本和工作量估算值进行重新核实，尤其对于费时较长的项目来说更是如此。

项目成本管理的技巧

20
规划成本

> 内容：将一个项目的成本管理工作形成文件。
> 阶段：在项目启动和项目规划期间。
> 结果：一个明确定义的工作过程，详细规定了如何使用项目资金和如何管理项目资金，以便在整个项目期间对预算进行监控。

规划成本的准备工作

规划成本是整体制订**项目管理计划**的一部分。在一开始，该项工作应审核**项目启动材料**中所提供的项目信息。这些信息包括：

- **项目的基本框架**的决策。
- **项目的发起和识别相关方**。
- **项目的目标和优先级**。
- **项目章程**中的某些部分，特别是那些与约束条件、员工配备、预算与资金情况及期望的支出费用等有关的信息。

要找出所有你需要但缺失的信息，并且确定你将如何获得这些信息。

对于许多项目来说，规划成本并进行跟踪检查常常需要用于**项目管理的软件和技术工具**。在准备为你的项目编制成本计划时，你要评估项目所需要的必要条件，并且确定哪些条件已经具备。小型的或非正式管理的项目常常很容易进行管理，并不需要专门的软件，而学习和掌握那些用来对时间和成本进行跟踪的应用程序，其费用会高得让人无法承受。但是，对于那些需要投入大量员工且根据合同进行的项目，或者那些强制要求进行跟踪检查的项目，使用正规的时间和成本跟踪系统就很有必要了。在选择一个跟踪检查系统时，需要考虑以下方面：

- 要与本单位的标准、法律与法规要求及相关的应用程序兼容。
- 总成本（软件、培训、支持、升级或其他费用）。
- 方便同事使用（可以使他们获得当地专家的意见）。
- 使用方便（安装、学习曲线、操作、更新等）。
- 需要专门的风险分析和建模。
- 需要进行大量的资源分析和时间跟踪。
- 具有定制报告的功能。
- 能对项目信息进行输入和输出。
- 是否能对**多个独立项目**的共享资源进行分析。
- 是否具有因特网或其他远程数据的入口和报告功能。

选用那些能满足你需要的工具就行了，不必追求功能上的"高大全"，因为那会增加你的成本、项目管理费用和复杂性。对于小型项目而言，中档的项目进度跟踪管理工具（如 Microsoft Project），甚至简单的电子表格应用程序就能应付自如了。对于大型项目，或者那些需要更加正规的、可审计跟踪功能的项目而言，高档的"enterprise"（企业）工具（如 Primavera 公司提供的整套应用程序或类似的软件）可能就是必不可少的了，因为它们具备专门的时间跟踪程序，或者可集成至你单位的财务系统。假如你发现要使用的成本规划软件和跟踪系统过于复杂并难以掌握，那就要设法确定，如何以最少的项目管理费用从中获得最多的效益。应当与你的同事、专家和**项目办公室**（如果有的话）一起商讨，以便能最大限度地利用你打算使用的成本管理软件的价值。

同时，要有效地使用你选择的软件工具。没有一种工具能取代你来为项目制订计划和进行管理。但是，如果你能恰到好处地运用它们，它们会使你的工作更加顺畅。在制订计划时，应当考虑如何将它们用于"如果……则……"分析、**约束条件管理和优化计划**及**规划风险应对**。当进入**项目计划**的**执行**阶段时，你要确定如何以最好的方式，将实际发生的工作量、费用和其他成本信息与你的计划进行比较，以备在编写项目业绩报告时使用。在整个项目期间，你可以使用这些软件来分析成本问题的影响和**预测项目完成**情况，以及对时常发生的项目**整体变更控制**工作提供支持。

完善成本管理计划

确定你将如何进行**对所需技能的分析、职责分析**和**获取团队**等工作。在你的团队中，要确定应由谁来参与成本管理工作，并且要得到他们的承诺，让他们保证参与**估算活动资源、估算成本**、项目融资和**投资回报率分析、成本预算**及**制订进度计划**等工作。如果你将某些工作外包出去，就要将成本计划和**规划采购**管理一并考虑。要事先安排好召开**项目启动研讨会**的日期，并且把项目的成本分析也包含在会议的议程。

要确定你将如何**收集状态信息**，包括与工作量和成本、**挣值管理**有关的各类**项目度量指标**。要确定，你将如何在 PMIS 及你使用的跟踪系统中管理成本信息。要明确定义项目成本信息的**管理沟通**方法，包括在项目业绩报告、**演讲**和其他文件中所使用的格式。还要确定，在整个项目期间用于**控制成本**的方法。要对软件工具的使用做出安排，并确保其具备一定的安全性；有利于存储；能够提供远程接口等。

将你的成本计划定案并付诸实施

与项目发起人一起对成本管理方法进行确认，将你的计划形成文件，并且向团队成员传达你的意图。

用你的计划来编制项目资源估算、成本估算和项目预算等。使你的成本计划与**规划范围、规划进度**及其他项目计划相协调。应使用你的成本计划来最终确定**项目基准**的设定。

团队合作的技巧

21

创新的解决问题方法

> 内容：使用新奇的或非常规的方法来解决项目问题。
> 阶段：在整个项目执行期间。
> 结果：不囿于成规，找到解决问题的新方法。

针对问题

对于许多项目工作而言，必须使用创新的解决问题方法，这包括：
- 决策方法。
- 制订项目管理计划。
- 定义范围。
- 问题管理
- 工作绩效问题解决方案。
- 冲突解决方案。
- 过程改进。
- 规划风险应对。

以书面形式清晰地描述你所面临的问题。概述过去解决此类问题的老办法，并总结一下它们为何无法奏效。使用**因果分析法**来搞清楚问题的原因所在。考虑换一个新角度来探究问题的内在根源，而不仅仅关注其表面"症状"。

邀请正确的人参加

与不同群体的人集思广益。向那些具有独创思维的人求教，也可向团队以外的人求助，如专家或其他部门和其他专业的人，具有不同背景、文化和见解的人，等等。应当邀请那些知识广博和经验丰富的通才参加，或者将初出茅庐的新手和行家里手混合编组。努力获得协同增效的作用，"三个臭皮匠，顶过一个诸葛亮"。

营造一个富有成效的环境

人们在熟悉的环境里往往不太可能激发创造力。应找一个大家陌生的地方来工作，如工作场所以外的地方、户外，或者其他人的工作场所等。另外，远离通常的办公地点还能减少各种干扰。

要营造一个大家敢于承担风险而不必担心受到指责、嘲讽的氛围，使大家愿意尝试新点子和新方法，并鼓励大家观点交锋、思想碰撞。应当鼓励开展幽默、有趣和积极的互动。

最佳解决方案或许不会很快产生，应根据问题的大小，给予一定的考虑时间，但一定要设定一个合理的时间期限。

着手处理问题

首先可以采用**头脑风暴**来寻求解决问题的办法。要鼓励每个人像新手那样进行思考，不得有先入之见，评论这个办法不行，指责那个主意行不通。要有组织地和有计划地开展头脑风暴活动，避免"冷场"。下述做法或许会有所帮助：

- 考虑新技术和其他替代方案。
- 使用类比法，参考其他领域的类似问题。
- 将一些意见组合起来，形成新的概念。
- "误用"某些技术、想法和工具。

- 专注于那些你能把握的工作，并力图扩展其作用。
- 要坚持。先找出解决部分问题的方法，然后将其完善为完整的解决方案。
- 如果问题十分棘手，就把重点仅放在问题的关键部分上，并且在取得某些进展之后，再设法更进一步。
- 要容忍出错和失败，并设法弥补由此造成的缺陷，或者继续使用其他的方法来解决问题。

要密切注意那些不成功的方法，如果在应用某个方法时出师不利，就要及时另辟蹊径。在指定的时间内，选出你能够找到的最佳方法来解决问题。

实施和沟通

使用已制订的解决方案来处理问题。

将你的解决方案记录在案，并告知那些负责类似项目工作的人。此外，还要将该解决方案中已发现的不足之处记录下来，以免将来重蹈覆辙。

项目范围管理的技巧

22
客户访谈

> **内容**：与客户和项目可交付成果的用户一起讨论，以确定项目的要求和需要。
> **阶段**：在项目启动和项目规划期间，并在项目执行期间定期交流意见。
> **结果**：清楚地了解客户的环境、需要和动向。

计划访谈

访谈是一种通过一对一的形式与用户谈话，**收集需求**的方法。一些访谈是与特定的相关方进行互动的一部分。另一些访谈则更具一般性，主要是用来进行市场定性调研工作的一部分。无论访谈的目的是什么，都要做好访谈计划，就是要估计所需的时间、技能，以及出差和其他活动的成本等。要确定你需要进行多少次访谈，对于**市场调研**来说，通常需要 20~30 次。要提前与你打算会谈的人约定时间。要准备好记录谈话内容的设备，并对设备事先进行测试。

要明确你打算了解些什么，准备好一份谈话的大纲，以确保自始至终都围绕你的主题进行谈话。可以在第一次与客户访谈前，先与团队中的某个成员实际演练一下。

如果你与某位客户只能进行一次访谈，那就要确保与你会见的人能够就所有感兴趣的话题充分表达意见。不要由你一个人与客户进行访谈，应当至少请一位同事共同参加，并由该同事来进行观察和记录。如果你不能流利地使用客户的语言交谈，就要安排一个翻译参加。

进行访谈

应当稍微提前一点到达访谈地点，以保证你能准时赴约。在自我介绍后，要简短地说明一下你的目的，并再次确认能取得对方的合作。请求对方同意对谈话进行记录，并将录音设备的麦克风放在客户的旁边。如果对方不同意录音，那就请你的同事进行详细的笔录。

提出你的问题，请注意，你应在大部分时间里保持倾听，因为访谈的目的就是了解客户的愿望。要审时度势，明察秋毫，设法弄清客户到底想要什么。

在访谈结束时，要对客户表示感谢，并在之后致以书面感谢，以对访谈期间你无法回答的问题做出说明。

记录访谈结果

在访谈后，要立即对你所了解到的情况进行讨论。要使用统一的格式，迅速对访谈的内容做出总结。对于系列访谈，要在你最后一次访谈后不久，将你的全面分析报告记录在案。

要利用与客户访谈所得到的信息来完成**定义范围**的工作，在必要时，可以进行后续的访谈，用来支持你的**项目评审**工作。

团队合作的技巧

23
决策

> 内容：在相互竞争的各个备选方案中，通过系统的方法选出其一。
> 阶段：在整个项目执行期间。
> 结果：团队充分接受那个有望获得良好结果的决策。

确定事项或问题

要做出好的决策，首先必须对将要处理的问题进行清晰和毫不含糊的描述。一定要避免在搞清问题前就过早地着手解决问题。可以使用**因果分析法**来探究问题的根源，而不要仅仅停留在问题表面的"症状"上。要把复杂的问题分解为一些更小和更简单的问题。

通过确定该决策所希望获得的结果来考虑该问题。要明确那些能够体现问题得到成功解决的性能参数，并且把你的考虑限定在你实际能够影响或控制的那些事情的范围内。

确定后勤问题和步骤

对于那些需要团队支持的决策，最好由大家集体参与。要确定都有哪些人参加决策，并要他们承诺发表意见。如果其中有一个或几个人属于远程团队成员，那么在召开电话会议时，要将会议时间定在他们方便的时候。

对于你打算采用的决策方法和步骤，应当取得与会者的同意。客观的决策需要一系列明确的标准，如成本、时间、可用性、完整性或可行性等。要找出那些与你规定的目标有关的标准，并且要让这些标准能够被度量。要按照重要性，对这些标准进行优化。还要明确各种约束条件，如时间、资源或必须得到的批准等。

一旦问题和约束条件都已经明确，就要尽快让团队成员对他们的意见进行投票。如果意见一致，就要对决策进行考察，看看是否有什么潜在的事情或问题。如果没有，就把决策定下来，并且付诸实施。

激发和分析各种选项

如果无法达成初步的一致，或者情况很复杂，就要与团队一起开展**头脑风暴**来激发各种选项。要在指定的时间期限内产生尽可能多的点子。在孕育点子的过程中，**创新解决问题的方法**及根源分析法能够提供帮助。应对这些点子进行研究，特别要调查其他人通过交流、浏览网页、咨询同事，以及进行基准问题测试等已经做了哪些工作。

依据你的决策标准，通过快速评估来对已产生的各种选项进行过滤，特别是在产生了大量选项的情况下尤其要这么做。要把详尽的分析工作限定在最多不超过 6 个选项上。

分析最佳选项。确定与决策标准有关的每个指标的估算值。当难以对某个指标定量测量时，可以对选项两两进行比较，以找出团队最认可的那一个，以及对其赞同的程度。一旦面临复杂的决策，在对分析结果进行评估的过程中，**用于项目管理的软件和技术工具**（或电子表格软件）都是十分有帮助的。

依据评估结果将各个选项进行排序，然后征求大家对优先选项的看法。利用建立场景、模型和模拟等方法对第一选项进行检验，然后考虑可能出现的意外结果和风险。如果这个第一选项的确难遂人愿，那就考查下一个选项，或者修改你的决策标准。

采用系统的方法来结束会议，并且将团队的决策记录在案。

通知并执行决策

将决策记录在案,并明确地通知所有将受该决策影响的人。

执行该决策,并且考察其结果。

假如该决策未能达到预期的结果,要准备对其进行修订和调整。在通常情况下,与其无限期地等待完整的信息,不如快速做出决策,并进行必要的修改。

领导力的技巧

24

赋予责任

> **内容**：设定个人目标，并跟踪其实现情况。
> **阶段**：在项目规划和项目执行期间。
> **结果**：团队成员承诺实现那些与企业和项目目标一致的目标。

设定目标

在设定目标时，无论对于项目领导者还是团队成员，都要编制一份需要完成的工作目录。这份目录应包括但不限于已经得到**定义的活动**，对于这些活动，可由**职责分析**来表明每个人应承担的责任，并重点落实那些重要工作的当前责任人。然后确定一个会议日期，专门用来讨论有关目标。

通过将领导者和每个人的目标目录进行综合，可得出一个总目录。对于那些仅仅在某一个人目录中列出的目标，要对其进行讨论，在将该目标添加到总目录之前，要对其添加的必要性进进行审核。如果在两个目录中有相似的目标，要设法对其做出能让双方都同意的、单一的表述。

对于目录中列出的每个目标，要进行检验，以确定它们是否符合以下条件：

- SMART（Specific、Measurable、Assignable、Realistic、Time-bounded，即明确地、可测量的、可指派的、现实可行的、有时间限定的）。
- 稳定性（如果可能发生变化，要列出一个或多个短期的目标）。
- 一致性（与企业目标，以及**项目的目标和优先级**相吻合）。
- 连贯性（所有列出的目标应当符合逻辑地组合在一起）。

- 清晰性（期望的结果是明确的）。

为了提高**积极性**，应当将每个人所偏爱的至少一个目标或打算实现的愿望包含到总目录中。

勾画出实现这些目标对个人、项目和整个单位带来的好处。要通过**识别风险**揭示这些目标的潜在问题。如果有必要，可以通过修改目标来降低风险。

要对每个目标规定的完成日期进行复核。对于所有由个人负责的项目活动，要对其**估算活动持续时间**和**估算成本**进行验算。要对那些不切实际的前提条件和日期进行修改，并且对项目计划文件所做的任何改变给予回应。在实际条件具备的情况下，要确保最优先的目标能够尽早完成，对于因滞后所造成的影响，要用具体的、可以度量的方式来对其进行讨论。

在这份总目录上记录所有当前的目标，包括所有有关成本、进度、人员配备及外部协作等问题的详细要求。

对于这些目标，要取得各负责人的承诺，并且表达你的信心，即相信这些负责人一定有能力成功地实现这些目标。此后，你还要定期召开一系列后续会议来审核这些目标，并讨论这些目标的完成情况。

审核和更新目标

在召开后续会议前，其准备工作就是审核目标总目录的完成情况。要汇总依据**收集状态情况**得到的数据，在适当的时候，要提出一些新目标来替换那些已经完成的目标。

在会议开始阶段，要讨论已结束的工作，以及那些进展顺利的目标。对做得好的人员进行表扬，并感谢那些为实现目标做出了贡献的负责人。对于完成了重要工作的人员，考虑进行**奖励和认可**。

通过**偏差分析**来找出那些尚未实现的目标，或者那些落后于进度要求的项目工作。通过这些后续会议来讨论员工的**工作绩效问题解决方案**，并且确定如何处理这些目标：调整这些目标；更换某些目标；干脆取消某些目标。

讨论已提出的新目标，并将它们添加至当前的目标总目录。对总目录中的目标优先级重新进行调整，在必要时，还要对一些目标的完成日期进行更改。

在结束会议后，要将更新的目标记录在案，并且确定下一次目标完成情况审核会议的召开地点和时间。

将这些新的进度信息记入**管理沟通**系统，这些信息与目标失败或更改有关，并涉及可能受到影响的人员或**多个依赖项目**。

保存目标和完成情况的历史记录，以便以后用于**项目评审**、评估及教训分析等工作。

团队合作的技巧

25

德尔菲技术

> 内容：通过集思广益来提高预测和估算水平。
> 阶段：在项目规划和项目执行期间。
> 结果：对于需要定量回答的问题做出可靠的回答，即使在缺少支持性数据时也能做到这一点。

找出问题

德尔菲技术利用的是"集体智慧"，它基于这样一个事实，那就是，尽管或许没有一个人能够提供可靠的估算或确切的答案，但是，来自一群相关方的意见常常会帮我们得出可信度较高的预测数字。德尔菲技术利用的是那些未经记录成文的历史记忆，同时，正因为这是一项集体活动，因此它还能提高大家的**积极性**，增强责任心，易于被大家接受，并有助于充分发挥团队协作精神。

在开始该项活动时，首先要清楚地描述需要定量回答的问题。对于项目而言，德尔菲技术能为许多估算问题提供帮助。包括：

- 估算活动持续时间。
- 估算活动资源。
- 估算成本。
- 对影响或可能性的**定量风险分析**。
- 对**决策**标准进行评估。
- 用于进行**投资回报率分析**的预测数据。

召集 5 个或更多的人，这些人必须具备相关的经验和知识，尽管他们或许对是否能精确地回答相关问题没有信心。最好举行面对面的**会议**，当然，召开电视会议也一样有效。

首先向大家提供该问题的情况，包括事实、问题、约束条件和前提条件等。与团队分享其他有关信息，但不要说出你自己的答案，以免对大家的思路产生误导。

如果大家对德尔菲技术不了解，那么应让大家先熟悉该方法。

收集答案

从每个与会者那里收集该问题的答案。与会者应当快速并独立给出自己的答案。提交答案的方式可以是匿名的，也可以是署名的。

根据这些答案的数值大小，将它们按照最高、中等和最低分为大致相等的三类。

讨论结果

在收集到每个人的答案后，鼓励大家进行讨论。要这样来考虑问题：
- 那些最悲观的答案是依据特定经验得出的吗？
- 是否有可靠的捷径或创新方法来支持那些乐观的答案？
- 那些中间答案是现实的和合理的吗？

重复这个过程

收集另外一组人的答案。在收集完成后，集体讨论这些答案。

对于大多数与项目有关的问题来说，通常要完成 2~3 个回合的问题收集。力求获得大家一致同意的答案，或者至少能获得让全体团队成员都认可的结果。

记录并运用德尔菲技术的结果。

项目整合管理的技巧

26

挣值管理（EVM）

> **内容**：使用预计的和诊断得出的项目度量指标来评估项目的绩效。
> **阶段**：在项目规划和项目执行期间。
> **结果**：及早发现过度耗费资源的情况，并且对不利的预算和工作进度趋势做出预判。

有关挣值的基本知识

挣值管理（EVM）看起来很复杂，但是它的原理很简单。在**制订项目管理计划**时，会依据**项目基准的设定**结果得到一份项目进度表和预算表。但在**项目计划的执行**过程中，会通过**收集状态情况**而积累许多数据，由此得出实际的工作进度和预算执行情况。而挣值管理就为评估这两者之间的差异提供了一个有用的方法。借助与进度和预算有关的**项目度量指标**的几种组合（所使用的资源可以是金钱，也可以是工作量），挣值管理能对项目的进展情况进行评估。表 26-1 给出了用于挣值管理的三个主要度量值。

表 26-1　主要的挣值管理度量值

		预　算	
		计划费用支出	实际费用支出
进度	计划进度	计划值（PV）	（不使用）
	实际进度	挣值（EV）	实际成本（AC）

挣值管理在项目活动层级跟踪计划要求的和实际产生的资源消耗。对于

一个项目，当这三个度量值都是一样时，就可认为项目的进展是符合进度和预算要求的。

挣值管理的第一个要求是，对**工作分解结构**最低层所确定的每项活动**估算成本**。将总预算在计划的项目活动中进行分配，或者，其各项活动成本的总和就是100%的项目预算。计划值（PV），也被叫作按进度完成工作的预算成本（BCWS），就是对整个项目（依据项目进度）所发生的成本的连续累加值。由于计划值（PV）可以从基准计划中计算得到，因此它实际上是一个预计的项目度量指标，但是对于挣值管理来说，它通常被看作一个诊断度量指标，在项目的全过程中要对它和其他一些度量指标进行评估。

既然计划值（PV）是根据计划进度和计划预算求得的，那么，实际成本（AC）就要根据实际进度和实际预算得出。实际成本（AC）有时也被叫作实际完成工作的成本（Actual Cost of Work Performed，ACWP），它是对每个已经完成的或正在进行的项目活动已发生的成本的连续累加值。

挣值管理并不将计划值（PV）和实际成本（AC）直接进行比较，这是因为它们之间的差可能来源于预算问题、进度偏差，或者两者都存在。为了摆脱这个难以比较的问题，我们引入了挣值（EV）这个概念，它是将计划预算和实际进度组合在一起而得到的。挣值（EV）的定义是：实际完成工作的预算成本（Budgeted Cost of Work Performed，BCWP），它是对已完成项目活动的计划成本，加上正在进行的活动的部分计划成本的连续累加值。

进行分析

在整个项目期间，可以通过**收集状态情况**来对实际成本进行评估。对于一个给定的日期，在大多数情况下，挣值（EV）和计划值（PV）都是采用 50/50 的原则进行计算的，也就是将开始日期时计划成本的一半，加上结束日期时计划成本的一半。要想得到更高的精确度，有些人在评估这些挣值度量指标时使用插入成本。

可以通过将挣值和实际成本进行比较来评估预算绩效。这两个度量指标都是建立在进度状态数据上的，因此，如果有了差异，那就肯定来源于资源耗费的偏差。成本偏差（CV）就是挣值（EV）减去实际成本（AC），它是项目当前超过

（或低于）预算多少的定量描述。而挣值（EV）与实际成本（AC）的比值，就是成本绩效指数（CPI），它用一个百分数来表明项目预算用掉了多少。如果成本偏差（CV）是正数（或 CPI 大于 1），那就表明项目没有超过预算。

通过将挣值和计划值进行比较，我们还可以使用挣值管理来评估进度绩效。挣值和计划值都是建立在计划预算数据上的，因此，如果这两者之间有了差异，那就肯定是来源于时间上的偏差。进度偏差（SV）就是挣值（EV）减去计划值（PV），而进度绩效指数（SPI）就是挣值（EV）与计划值（PV）的比值。如果进度偏差（SV）是正数（或 SPI 大于 1），那就表明项目进展超过了计划进度。但是，对于**项目偏差分析**工作而言，还有其他一些方法，它们或许更加精确，也更容易使用。

图 26-1 所示的项目已经完成了一半。按照挣值管理的评估，该项目的支出显然大大地超过了预算，并且进度也略微落后于计划。

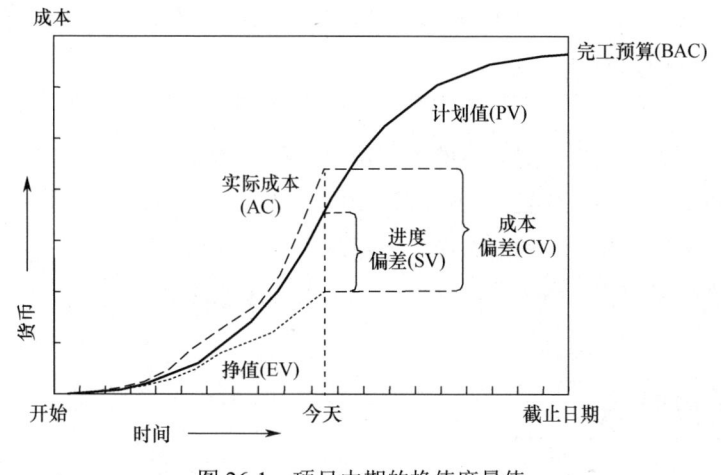

图 26-1 项目中期的挣值度量值

挣值管理的作用究竟有多大，至今依然受到广泛的质疑。有时，它有些让人摸不着头脑。一方面，对于某些项目，跟踪这些数据显得太费劲且没有必要。另一方面，当一个出现问题的项目进展到 15%的时候，挣值管理就能使你精确地预测项目支出是否超过预算。此外，挣值管理还能为**预测项目完成情况**提供一个有力的基础。

项目整合管理的技巧

27

预测项目完成

> **内容**：使用可预计的和诊断得出的项目度量指标来预测项目完成情况。
> **阶段**：在项目执行期间。
> **结果**：依据对预算、进度和其他项目进展情况的可靠预测结果，得出符合实际的预期。

对于一些项目来说，对项目的进展情况进行反复评估，是通过循环进行的**项目偏差分析**来实现的，并且作为**管理沟通**的一部分，将评估结果通知大家；对于另一些项目来说，则不经常这么做，而只是把它作为**项目评审**工作的一部分，或者通过其他定期开展的高水平项目分析来对项目进行评估。

核实项目状况

评估项目完成情况的第一步是，对项目建立一个可靠的图景。要收集当前精确的进度、资源消耗量、成本和其他**项目度量指标**，并且用这些数据来与由**项目基准的设定**工作所确定的任务进行对比，以了解项目的进展情况。**挣值管理**（EVM）给出了几个与项目完成情况有关的度量指标，但是，即使不使用挣值管理，我们也可以采用其他一些有效的方法来确定项目的进度、预算及其他目标是否达到了你的要求。

预测项目的财务状况

项目的财务分析包括将预期的费用支出与实际发生的成本进行比较，然后根据比较的结果来推断原先计划的预算是否实际可行。一种高水平的简单评估方法是，首先计算两个比值，一个是关于活动的，另一个是关于财务的。活动比是用时至今日已经完成的活动数，除以根据**工作分解结构**最低层所确定的总活动数。费用比则是用时至今日累计的实际费用支出之和，除以总的项目预算。将这两个比值进行比较，如果它们差不多，那说明你的项目进展得不错。但是，如果已完成活动比是 0.3，而费用比更高（如 0.5），那就说明你的资源"烧得"太快，而你的项目支出有可能大大超出预算。采用这个方法来进行粗略的推算，估计这个项目的最终成本将是预算的 167%。要想提高最终预算估计值的精度，你还可以将时至今日累计的实际费用支出，加上对全部剩余项目活动更新后的**估算成本**值，来与你计划的预算值进行比较。

对于使用 EVM 的项目，在关于确定项目的完工估算（EAC）方面，也有几个好方法。最乐观的方法是，假定对所有剩余工作的初始分析是精确的，然后，使用当前的成本偏差（CV）或挣值（EV）减去实际成本（AC），来对原先的完工预算（BAC）做出调整。对于这种"最佳情况"，EAC=BAC–CV。

一个更广泛使用的公式则假定，时至今日的绩效比对未来工作的最初估算更好，通过将最初的完工预算（BAC）除以成本绩效指数（CPI），而成本绩效指数就是挣值（EV）与实际成本（AC）之比，计算得出调整值。对于这种"现实情况"，EAC=BAC/CPI。

一个更加保守的方法可以对此做进一步的调整，就是将 BAC 除以进度绩效指数（SPI），而进度绩效指数就是挣值（EV）与计划值（PV）之比，它假定的是一个疏忽大意的项目在结束时会超出预算。对于这种"最坏情况"，EAC=BAC/CPI/SPI。

还有两个度量指标也可用于资源和成本的预测。一个是完工尚需估算（ETC——剩余工作的成本），另一个是完工尚需绩效指数（TCPI——用于预测为了实现目标 BAC 所需要的绩效的诊断指标）。ETC 的计算方法是用完工估算

（EAC）减去当前的实际成本，其中，EAC 是用上述三个方法之一计算得出的。TCPI（或完工尚需指数——TCI）被定义为剩余工作与剩余资金之比。其计算公式为（BAC-EV）/（BAC-AC）。当 TCPI 大于 1 时，表明如果不对项目绩效进行改进，这个项目的花费将超过其 BAC。对于这个度量指标，其分子是基于计划得出的，而分母是基于实际得出的。TCPI 有一个用来表示需要满足当前 EAC 的变化形式，这时，分母应当使用（EAC-AC）。

预测项目的时间

项目的时间分析是类似的。它是将估计的项目持续时间与实际的持续时间进行比较，然后通过推断来确定计划的项目截止日期是否符合实际。与财务预测一样，你可以通过一种粗略推算的方法来进行评估，而该方法要用到两个比值：一个是关于活动的，另一个是关于时间的。这里的活动比与成本分析中使用的活动比是一样的（用时至今日已经完成的活动数，除以本项目的总活动数）。时间比则是用时至今日项目已经延误的时间除以本项目的总时间。将这两个比值进行比较，如果它们差不多，那说明你的项目可能在正常进行。但是，如果项目已经用了一半时间，而所完成的活动还不到一半，那就需要查找其中原因了。同样，虽然使用这些计算来推断调整后的时间是不精确的，但任何较大的误差都表明需要对项目绩效进行更详细的分析。为了得到更加精确的进度评估，要依据时至今日的活动进度绩效，通过重新**估算活动持续时间**，来预测项目的完成日期。这种分析可以直接使用用于**项目管理的软件和技术工具**中的甘特图。

当项目接近完工时，它对于跟踪检查结果也是有用的。某些类型的项目在检查阶段往往会展现出可预测的时间。当在检查期间发现了一些以前未被发现的缺陷和问题时，你或许能够使用可追溯的项目度量指标来精确预测还需要多少时间才能解决这些问题。

你也可使用挣值管理方法来估算进度的预期值。进度偏差（SV）不是用时间来度量的，但是，当计划值（PV）等于当前的挣值（EV）时，你可以使用这两个日期之间的日期差来调整期望的完成日期（如果 EV 落在后面了，就要通过与基准计划里的期望值进行比较而得出已经发生的延误值）。你还可以采用进度绩效指数，通过调整总的项目持续时间，来预测希望的时间。并将它转化为新的日历日期。尽管从理论上说，挣值管理方法能够预测项目的时间，但是这里讨论的其他方法多半更容易使用，也更加精确。

  如果你的预测表明你的项目在进度、预算和其他方面有重大问题，你或许需要考虑**磋商项目变更问题**，并且加强你在**管理相关方参与**方面的工作。

团队合作的技巧

28

全球化团队

> 内容：与有着不同文化的团队成员开展良好的沟通和合作。
> 阶段：在具有全球化团队的项目中。
> 结果：当与远程团队成员一起工作时，取得令人满意的项目绩效。

项目变得全球化了

一个现代化公司的运营是在世界范围内展开的。各种不同的原因导致项目也变得全球化了，其中包括：

- 产品和服务被许多国家使用。
- 公司的员工来自世界各地。
- 在全球范围内进行员工配置能够降低项目的费用。

全球化团队有许多潜在的好处，包括：获得新技能；通过员工正常的轮班工作能实现 24 小时全覆盖；学到不同用户的当地知识，等等。然而，这些理想化的优势也会遇到一系列挑战，其中包括：

- 全球化团队的沟通十分困难，可能涉及多种语言，并且可能是十分费钱的。
- 世界各地的时差使正常的沟通变得很不方便。
- 工作风格和文化差异会带来许多问题并产生各种误解。
- 各种困惑和冲突变得司空见惯。
- 与具有类似能力，但由当地人员组成的团队相比，管理一个全球化团队几乎总是更加吃力的。
- 把全球化团队的成员召集到一起是一件既费时又费钱的事情。

全球化项目的最终结果不是非凡杰出，就是一塌糊涂（全球化项目很少是"中不溜"的），这取决于是全球化带来的好处占据了上风，还是挑战占据了上风。而项目的成功则要求其领导者能为有效的沟通打下良好的基础，并将各种挑战的风险降至最低。

理解距离和语言的作用

对于全球化团队来说，其成员所使用的不同语言会使项目的沟通变得十分困难。即便他们都精通书面语言，但是，糟糕的口语交流仍然会引起误解，从而导致问题的产生。世界各地的很多人都使用英语，但他们会使用同一个单词来描述不同的事情，因此，即使他们使用同一种语言，也会导致沟通上的各种问题。在制定项目**规划沟通**时，要尽量少使用各种俗语、俚语和行话，应使项目文件清楚明了，毫不含糊。

无论面对的是何种类型的项目，领导者的关键工作都是沟通，而有效的全球沟通常常取决于恰当和准确的翻译。如果你自己无法向团队成员提供清晰的信息，那就必须依靠翻译人员。而良好的翻译往往既费时，又费钱，所以你不仅要在**制订进度计划**时要考虑这一点，而且在编制**成本预算**时，也要为此预留资金。技术翻译尤其困难，在技术知识和语言能力两个方面，要确保你的技术翻译人员都能胜任。

公司文化及各个岗位工作之间的不同也会对沟通产生影响。在全球化团队中，人们如何提出要求、达成共识，以及相互交流，都是大不一样的。

注意沟通方式

全球化团队在沟通偏好方面也会有所不同。有些团队成员可能喜欢社交，开朗善谈；而有些人则少言寡语，公事公办。因此你要具备有效的**领导力**并选择适合的沟通方式。

要采用有效的提问方式，对于那些因为"礼貌"而总是回答"是"的团队成员，要避免提出可以用"是/不是"来回答的封闭式问题。

每当你用书面形式提出问题时，要仔细进行推敲。即使你无意为之，但对那些收到这些书面问题的人来说，或许会让他们感到粗鲁无礼，甚至受到侮辱。

沟通方式没有固定的模式，最好的方法就是运用良好的**管理团队技巧**，使那些分散在世界各地的团队成员建立融洽的人际关系。只要有可能，就要召集全体成员面对面地参加**项目启动研讨会**。通过增进信任和强化关系，你就能确保小问题永远是小问题。

选择最佳的沟通方法

对于全球化团队来说，**管理沟通**既可以是正式的，也可以是非正式的。如果正式的沟通方法（报告、文件、定期**会议**、**演讲**和项目评审等）效果欠佳，团队成员就不会得到足够的有用信息，从而使项目进展不利。如果非**正式沟通**（谈话、电子邮件、备忘录、社交媒体及其他互动方式）开展得不恰当，问题就会出现得太晚，以致问题积重难返。因为个人喜好不同，因此你最好双管齐下，平衡项目**沟通控制**，为每个人提供他所需要的那种沟通方式。

在分发信息方面，有许多方法，但对于全球化团队，最常用的方法可能是"同一时间，不同地点"，也可能是"不同时间，任何地点"。尽管这两个方法都不如面对面沟通有效，但是，如果你能有意识地采用所有对团队可行的方法，你会成功的。对于你的团队，可以运用**用于项目管理的软件和技术**工具来增强沟通的有效性。要避免仅使用一种或两种方法。

对于远程会议来说，要确保能够得到必要的技术支持。有效的远程会议需要事先做好计划。在会议召开前要安排好议程，对于每个与会的团队，都要确定主题、负责人、时间安排，以及期望达到的成果等。如果在会议期间无法分享实时画面，那就要提前提供必要的视觉信息，或者提供网络接口，以便大家都能看到有关文件。在时差很大的情况下，要尽量把会议安排在双方都方便的时间。可以将会议轮流召开多次，以便所有的与会者都能在他们的正常工作时间开会，哪怕只见上一小会儿。

处理其他的项目挑战

要孜孜不倦地巩固那种强烈的创业精神，确认项目的发起。如果没有恰当的创业精神、合适的**项目的发起**，全球化团队几乎注定要铩羽而归。

对于全球化团队而言，来自不同文化的团队成员的工作风格是千差万别的。有些人喜欢团队合作，习惯在一个讲规矩、等级井然有序的机构中工作。有些人则更加独立，更偏爱在一个每个人都具有同等地位的环境中各自为战地工作。在项目**工作分解结构**过程中，应当这样来分解项目工作：尽量减少外地工作，或者尽量减少不同工作风格的人紧密互动的机会。在**制订项目管理计划**阶段，只要有可能，就尽量让工作与员工的个人爱好相匹配。

文化也会影响人们如何看待时间和截止日期。在做出有关时间的承诺时，有些人一丝不苟，说到做到，而有些人则对截止日期不那么在乎。因为人们看待时间的观念不同，这使全球化团队在**收集状态情况**方面变得十分困难。要想使时间承诺尽可能清楚明确，请使用月份的名称（不要用数字）。对于那些在关键里程碑上出过时间问题的团队成员，要敬而远之，尽量少指望他们。

要设法让大家对**项目愿景**及期望得到的成果取得共识，并利用这种共识来消除分歧，达成团结。要想使全球化团队的合作顺利开展，一个能被所有人理解并认为有意义的共同目标是不可或缺的。

在运用**赋予责任**时，要通过签署责任书来提高团队成员的**积极性**和对项目的承诺。要确保所有经理都支持和了解这些承诺。要针对每个团队成员制定相应的**奖励和认可**措施，并且经常使用这些措施。

对于全球化项目，要特别注意**项目计划的执行**问题。要通过强化**无职权的影响力**来提高工作效率。你或许需要进行各种询问，而你发送的信息一般都会比你收到的要多。高效的全球化项目领导者多半要牺牲一些睡眠，因为只有当远程团队成员醒着或在办公室时，你与他们的合作才是最有成效的。

把高技术和"高触觉"结合起来

在整个项目计划的执行期间，技术和其他手段是重要的，但是，它们并不能取代其他的沟通方式。只有当伴随"高触觉",也就是更人性化的方法时,高技术沟通方法才能最有效地发挥其作用。例如,当团队成员具有共同的语言和文化时,语音邮件对于非正式沟通非常有价值,但对于那些使用不同语言的团队成员来说,语音邮件很容易被误解,而且有时会显得粗鲁或不礼貌。

在**管理团队**的工作中,绝不要错失通过面对面交谈来增进信任的机会,即使并非在面对整个团队时也是如此。根据实际情况,尽可能多地将整个团队召集在一起,至少每半年一次,如通过**项目启动研讨会**、**制订项目管理计划**及**项目评审**等。

对于虚拟团队,与远在他方的团队成员交换照片,尤其是那些工作之外的日常照片,对建立个人联系是非常有效的。

每当你必须在成员之间分享复杂的信息时,请用几种方法同时进行沟通。如果该信息最初是用口头传达的,那么,紧接着就要给出书面的概要。要按照信息接收人的需要来裁剪沟通内容,主动跟进并讨论书面信息中不清楚的地方。

对于你发出的电子邮件和其他书面沟通的信息,请在发送前一定要多加推敲,要对信息是否清楚明了,以及语气和术语的使用是否得当再三斟酌。当审阅你写的东西的时候,应当想一想,如果你收到这封邮件,你会做何反应。在项目的互动过程中,应当鼓励开展经常性的和简短的沟通,并明智地使用社交媒体和即时通信等工具。

项目资源管理的技巧

29

规划人力资源

> **内容**：确定人员配备、角色、责任，以及项目的组织结构。
> **阶段**：在项目启动和项目规划期间。
> **结果**：一份花名册，载有相应的项目工作人员和上下级汇报关系，它既包括员工姓名，也包括解决人手短缺的方法。

确定必需的人手

根据承诺的资源，编制项目资源计划，将其作为整体制订**项目管理计划**的一部分。将所有的责任人和应负的责任形成正式的文件。

利用**估算活动资源**来得出完成每项**定义的活动**所需要的人员，这些活动都已经列在你的项目活动目录里了。使用这些数据和**对所需技能的分析**来评估项目所需要的人员数量。

还要对从事一般性项目工作的人员做出评估，这些工作包括：操办支持工作和**管理沟通**工作的人员、管理技术和其他信息的人员、**管理相关方参与**的人员、处理用户和客户关系的人员，以及处理其他必要关系的人员等。要把这些接口、联络人和联系等记录在案。

将你的项目人员需求形成文件。

分析现有的资源

在**项目启动**阶段，识别所有承诺参与项目的人员，并且将初步的项目团队花名册记录在案。依据你的**项目章程**和其他计划文件所提供的信息，确定可以获得的人力资源。依据那些承诺参与项目的人员情况，对实际可以得到的人员的能力进行评估。要向承诺参与本项目的人员询问以下问题：他们是否还有其他工作；他们希望有怎样的假期；可能影响他们参与本项目工作的其他因素。对于补充进来的团队成员，要实际了解他们能以多大的"参与度"在本项目中兼职，尤其要对那些从事了**多个独立项目**工作，但满口应承参与本项目的人员保留一定的怀疑态度。

通过一个具有时间坐标的直方图，制定一个人力资源日程表，以显示你可以获得的人力资源，或者通过使用同样格式的电子表格，来作为所需资源的一览图。要查明所需要的和你已经获得的人员数量之间的缺口。如果初步的项目计划表明投入的人员过多，那就要通过**资源平衡**来进行解决。还要确定哪些项目活动的人员不够，并且利用计划数据把你的分析记录在案。

要将项目团队所具备的技能和经验与项目技能分析的结果进行比较。此外，还要通过**职责分析**使团队成员的人数与依据**工作分解结构**得出的每个项目活动的需要人数相匹配。要识别那些项目工作依赖的，但尚未满足的人力资源需求。例如：

- 尚不具备的技能，或者经验不足的程度。
- 关键的项目人员尚未配备好。
- 人员还没有配备齐。

审核人员配备的步骤和标准

如果你发现，你需要通过雇用、调配、外包或其他方法来增加人员，那就要确保你了解这个过程，并且明白必须取得项目发起人和所在单位领导者的许可，因为只有他们才有权支持和批准你增加人员的要求。在进行此项工作时，可以设法找出并利用模板、以前使用的表格或其他的人员配备文件等，以减少工作量和可能出现的问题。

找出你单位里能够支持这项工作的人员（如法务、采购、人事或人力资源管理人员等），这些人员也需要参与本工作，要设法让他们答应为你提供帮助。

编制项目花名册

列出本项目所需要的岗位和责任，确定每类工作所需要的员工人数。对于每个确定的岗位，一旦有了称职的、承诺参与本项目的人员，就要将他们的名字列入项目花名册或机构组织图，还要将其联系方式和其他有关情况记录在案。如果有些项目参与者还有其他项目的工作，或者要从事非项目事务的其他工作，那就要确定并记录他们能为本项目做多少工作，并且要在你的总人员配备分析中反映出这些工作量。有些人发现，将"核心"员工（那些自始至终全职参与本项目的员工）与那些"补充"进来的员工（那些十分重要，但只能兼职参与本项目的员工）进行区分是十分必要的。在项目花名册中，还要包括其他相关信息，如电话号码、住址、电子邮箱等。对于**全球化团队**和**矩阵型团队**，还要列出其工作单位和时区的信息。

对于那些人手不够（或部分满足）的岗位，要记下有关问题和解决这些问题的计划。

解决人员配备问题

要确定你将如何解决所有那些尚未满足的人力资源问题。可以选择以下方法：

- 针对项目时间和项目范围**磋商项目变更问题**，以便与可以获得的人力资源相匹配。
- **获得**额外的**团队**。
- 通过**实施采购**来确保得到外部的支持。

把所有没解决的人力资源问题都补充至**识别风险**工作得到的项目风险目录。

领导力的技巧

30

无职权的影响力

> **内容**：确保来自其他单位的项目参与者兑现其承诺。
> **阶段**：在项目规划和项目执行期间。
> **结果**：增强不同团队之间的合作关系，获得对项目的可靠承诺。

准备工作

对于现代项目而言，有许多原因造成项目领导者无法对团队成员施加直接的领导权。主要的例子有：有些**矩阵型团队和远程团队**的员工必须向其他经理汇报工作。此外，对于那些依据**规划采购**管理方案且主要依赖非本单位员工和咨询师的项目，也面临着如何管理的挑战。尽管那些跨机构的团队具有许多潜在的优点，但是项目的成功与否最终还要取决于你的努力和**领导力**，而这些努力和领导力就体现在能否确保你竖立起影响力，能否有效地**管理团队**，以及能否获得团队成员的真诚和可靠的承诺。

提高影响力的一个办法是，利用来自**项目的发起**方或强有力且受尊敬的个人的威望。要设法从关键的决策者及相关方那里强化来自高层的支持，因为这些人会支持你，帮你处理**问题管理**中上报的难题，并帮你维护项目团队的团结。要和员工们一起构建**项目愿景**，并设法将**项目的目标和优先级**与他们个人的目标统一起来。

当你召集你的核心团队成员，完成**获取团队**时，要找出那些对这个项目有浓厚兴趣的，并能与其他成员友好相处的员工。要对候选团队成员的背景及其原单位进行调查，了解他们及其经理都关心什么。

打造一个能够有力支持多样化团队的**项目的基本框架**。如果项目团队成员不在同一个地方办公，就要设法取得必要的费用，以便能定期将团队成员召集到一起。要把有效的**用于项目管理的软件和技术工具**融入你的**规划沟通**管理。对于跨机构团队来说，文化差异既是最大的资产，也是最大的挑战。要制订计划，以便最大限度地利用多样化的好处，同时也要密切关注**全球化团队**在沟通上的需要。

建立关系

要确定日期来举办**项目启动研讨会**，这样你就能更好地了解你的团队成员。要发现项目团队中每个人的个人爱好。要询问他们最近取得了什么令自己感到骄傲的成就，并了解他们对本项目的个人目标和希望。通过发现他们关心的问题，你就可以依据他们内在的**动机（激励）**，以人定岗，为其安排相应的岗位。

随着项目计划的制订，要设法将依据**定义活动**得出的工作责任与个人的偏好协调一致。在**赋予责任**时，应当遵循互惠原则。作为员工对项目承诺的回报，你应当提供一些有意义的交换品。要对你或项目必须提供什么进行评估，并用这些交换品来获得员工可靠的承诺，以交付项目所需的内容。作为项目领导者，与你能想到的东西相比，你实际上可以提供更多的东西。可以用来交换的东西包括：

- 工作本身（自主权和责任、学习和**建设团队**、新技术、挑战等）。
- 赞许（**奖励和认可**——获得有形和无形的感谢，上光荣榜，声誉得到提升等）。
- 人际关系因素（信任、关系网、忠诚、团队合作、友谊等）。
- 项目本身（项目愿景、重要性、商业成果、工作保障等）。

要清楚地记录团队成员的所有承诺，并与每位团队成员的直接经理核实每项协议。

保持关系

请你一定要说话算数。将你制定的每项协议贯彻到底。通过全面、及时地履行你的诺言来维护自己的声誉。

对于维持人际关系来说，经常和有效的沟通往往是十分关键的。在整个**项目计划的执行**期间，要制订专门的**管理沟通**计划来满足团队成员的需要，并且要通过与每位成员开展经常性的非**正式沟通**来巩固团队成员之间的信任。要根据实际情况，经常与外地的团队成员进行面对面的会见。要与那些属于外单位的团队成员密切接触，而不要仅限于**控制采购**所规定的那些要求。

要在团队成员成为项目的"不良因素"之前就觉察到问题。要在**收集状态情况**过程中就进行训导，并使用**项目偏差分析**来找出未能履行的承诺，这样你就可以通过**工作绩效问题解决方案**来快速处理。要迅速处理好团队内部产生的不和谐问题，并通过**冲突解决方案**来恢复合作。

要在整个项目期间赞扬团队成员所做出的贡献。在项目完成后，要逐一向大家表示感谢，并且充分利用一切机会开展打动人心的**奖励和认可**活动。在你的报告和项目总结**演讲**中，要对做出重要贡献的人进行突出表扬，并将其作为持续进行**沟通控制**工作的一部分。

对于费时较长的项目，要至少每六个月亲自召开一次会议，以便重申项目的目标，熟悉员工，并进行**项目评审**工作。要落实现有的及新的承诺，并确定在某个时间举行与项目无关，而专门用来加强团队关系的活动。这些活动应当活泼有趣，并可用来庆祝项目开展至今所取得的成就。

通用管理的技巧

31

半路接手一个项目

> 内容：接手一个正在进行的项目。
> 阶段：通常在项目执行期间。
> 结果：使项目能够不间断地持续进行。

在项目执行过程中，出现员工流失的情况是很常见的，有时这种情况甚至出现在项目领导者身上。在某些情况下，要求你接手的这个项目进展良好，该项目一直由十分称职的领导者在掌管，但他由于一些与项目无关的原因而无法继续领导了，例如，受伤了，生病了，或者被提拔了等。但更常见的是，一个群龙无首的项目会成为一个麻烦不断的项目，因此，最好的做法是重新进行组织，并小心谨慎地继续推进下去。

加入团队

如果你不认识新的团队成员，可以先进行自我介绍，然后查明每个团队成员都在做什么。要搞清楚每个团队成员的岗位和责任，并且在**管理团队**方面花些时间来与每个团队成员拉近关系，增强信任。可以采用**非正式沟通**的方法来了解每个员工，并尽可能多地开展面对面的交流。

与团队成员一起讨论项目工作，可以使用类似在**项目取消**时所用的教训分析法。询问每个团队成员正在做什么及他们的感觉如何，这是令工作顺利开展的最好办法。要设法找出需要进行的变革，并承诺使用**问题管理**和**过程改进**等措施来纠正已发现的问题。

即使你或许没有真正掌握太多的具体情况，也要鼓励大家继续工作，并推动工作向前发展。随着你对项目有了更多的了解，在必要时就可以向员工**赋予责任**。

核实（或制订）计划

对待一个半路接手的项目，应像对待一个新项目一样，这种做法是很明智的。要确认**项目的发起人**并**识别相关方**。要和那些与项目有关的关键人员充分交流，搞清楚他们的希望是什么。要着手与那些身处项目之外，但你必须与之打交道的人建立关系。应当审核**项目章程**和**定义范围**，确认它们依然正确有效。（如果它们遗失了，就要设法重新建立起来。）

如果有一份良好的**制订项目管理计划**方案，就用它来跟踪检查当前的工作，但要保持适当的怀疑。要仔细审核现有的计划文件，并将其作为制订项目计划的基础。要与团队一起，尽快拟订一份你自己的现实可行的计划。

建立符合实际的项目基准

如果你制订的最好的且很可靠的计划与原有的**项目的目标和优先级**不相符，就要和你的项目发起人接触，并使用你的数据来**磋商项目变更问题**，以便确定可行的**项目基准的设定**。在一开始，你将具有某些影响力，以致你的单位不需要另找其他的项目领导者。你要抓住这个短暂的契机提出变更的建议。对于成功地改变项目的基准来说，这或许是十分关键的。原来的领导者离开了，而他们告诉你的情况或许是不准确的。

项目领导者的更换是召开**项目启动研讨会**及**项目评审**会的好时机。你需要制订的大部分计划都可以在这些会议上进行讨论。另外，这也是**建设团队**及建立关系和信任的绝佳时机，而这些关系和信任正是你的项目管理工作所需要的。

项目整合管理的技巧

32

整体变更控制

> **内容**：处理项目的整体变更问题。
> **阶段**：在项目执行期间。
> **结果**：有条不紊地处理项目变更问题，将不希望有的结果降到最低限度。

找出潜在的项目变更问题

在你完成**项目基准的设定**后，应使用可靠且稳健的过程来处理项目的整体变更控制问题。一旦你的计划已经制订，项目范围也已明确，那么，对于项目的稳定性和最终成功来说，用于处理项目变更问题的文档化过程是至关重要的。即使是小项目，这个文档化过程也能帮你提升满足期望的机会。那些使用敏捷方法的项目也取决于有力的项目变更处理程序，以此来优化和处理许多积压的工作，以便在项目由一个进展阶段转到下一个阶段时，能取得最大的效益。

导致项目发生变更的原因有很多，但大致可分为下面两大类：

- 内部原因（**项目偏差分析**、项目绩效报告、**项目评审**、**识别风险**、团队产生的想法、机会、员工流失等）。
- 外部原因（对项目的要求改变了、法规改变了、标准修改了、**市场调研**、新技术、项目发起人的干预、自然灾害等）。

对于所有的项目变更，主要的原则是抵制一切变更，除非你能确认，这种变更会带来纯粹正面的商业利益，也就是说，变更带来的好处是确定的，并大大超过不变更的结果。

记录和分析变更

不管是哪种原因，都要对每项建议的变更提供书面的文件，并进行备案（至少也要将其作为总项目报告和**沟通管理**文件的一个组成部分）。特别是对于项目范围的变更过程，它应当具有专门的格式及精心编制的文件，以记录和跟踪那些建议及需要进行考虑的变更。

整体变更控制包含许多类型的变更。要想分析每个建议的变更，可以使用针对该类变更的方法，如表 32-1 所示。

表 32-1　项目变更和控制过程

变更的类型	主要的控制方法
范围	范围变更控制、控制质量
进度	控制进度
成本	控制成本
内部员工配备	规划人力资源，管理团队
外部员工配备	控制采购
风险	规划风险应对、监控风险
方法	过程改进、组织变革
总体	项目评审
灾难	将问题上报、项目取消

要根据具体的指标来确定每个变更可能产生的后果，如成本、进度、工作量、减少的可交付成果的价值、员工的士气和**积极性**、客户的信心或其他有关因素。还要考虑每个变更的各种风险或意料之外的后果等。特别是对于较大的变更，可以用完善**制订项目管理计划**的方法，或者借助**预测项目完成**结果的方法来评估变更的影响。

对于变更带来的各种好处（例如，从解决问题中实现了节省、加快了进度、改善了可交付成果、提高了效率，或者其他偶然发生的变更所带来的好处等），要采取保守的估计。对于所有随心所欲、漫不经心提出的变更，对其通过估算得出的乐观结果，尤其要持怀疑的态度。

决定和沟通

对于每个变更，都要用系统的**决策**方法进行研究，并迅速做出工作决策。对于每个可能的变更，有四种选择：批准、进行某些修正后批准、推迟和拒绝。对于那些不得已而为之的变更（满足法规的要求、解决对项目具有威胁的问题、回应重大的外部因素等），其决策是很容易的：不是接受这个变更，就是放弃这个项目。对于那些一时兴起的，"拍脑袋"提出的变更，采取"拒绝"，或者至少"推迟"决策是最保险的。然而，某些变更带来的好处看起来是如此之大，以至于好像应当接受变更。在这种情况下，就更要慎重考虑其必要性了，要对该变更是否符合项目的总目标进行论证，并且在批准之前，剔除所有不必要的、多余的变更部分。

在最终接受那些会对**项目的目标和优先级**产生影响的变更之前，要**磋商项目变更问题**。对于重大的变更，要更新你的项目计划，并重新审阅项目**基准的设定**。要对受到这个变更影响的所有项目文件进行更新。

将每次变更决策记录在案，包括你的分析和论证理由，同时要将结果通知提出该变更的人、你的团队成员及有关的相关方。对于所有已接受的变更，要考虑**管理相关方参与**所带来的影响。记录所有的变更决策，并将有关数据存入项目信息档案。要在**项目评审**过程中复核你的变更历史，以便在**项目取消**时，用来分析得到的教训。

要迅速实施所有已批准的变更。一个有效的实施项目变更过程与质量管理中的"计划—执行—检查—行动"循环极其相似。在实施变更后，要对期望得到的结果和不期望得到的结果进行检查。对于那些没有实现预期目标的变更，要么返回原来的情况，要么考虑增加其他变更。

项目整合管理的技巧

33

问题管理

> 内容：处理项目出现的问题和偏差。
> 阶段：在整个项目期间，但主要在项目执行期间。
> 结果：迅速解决项目问题。

创建问题管理的程序

如果你还没有一个问题（或行动项目）的跟踪监督程序，那么，在你对**项目的基本框架**进行决策时，应当及早创建一个。创建该程序是用来处理那些与资源、时间安排、优先级等有关的项目问题的。必须让你的团队充分接受这个能够迅速查明、跟踪和解决问题的规定程序。

应当在**规划沟通**管理中建立你的问题日志。使它成为项目管理信息系统的一部分，并且要确保项目团队成员及有关的相关方能够方便地在线访问它。对每个列在表格、电子表格或在线列表中的开放问题，要提供有关信息，包括每个问题的标识符或代码，以方便沟通。表 33-1 提供了一个问题日志的具体例子。

表 33-1　典型的问题日志

编号	说明	发现日	到期日	优先级	主办人	状态	备注
41	部分物品的交货延误了	20××年1月3日	20××年1月31日	高	弗罗多（Frodo）	开放	迅速从其他来源获得

跟踪和解决问题

项目的任何环节都会出现问题，例如在以下工作过程中：
- 项目偏差分析。
- 工作绩效问题解决方案。
- 范围变更控制。
- 控制进度。
- 控制成本。
- 质量保证或控制质量。
- 监控风险。
- 控制采购。
- 约束条件管理和优化计划。
- 项目评审。

每当问题出现时，要立刻将其添加至问题日志。要设法及早发现和解决这些问题，这样你才能最容易地通过自己的行动来扭转局面。

对于每个已发现的问题，要通过**赋予责任**来确定一个主办人，并为解决该问题设定一个合理的到期日。

要把对问题的监督作为**收集状态情况**工作的一部分，并且在你的**会议**、**演讲**和项目绩效报告中包含与问题讨论相关的内容。使用"红—黄—绿"指示灯来显示那些逾期未解决的问题是一个好办法，它能使这些问题公开化，并引发大家应有的关注。

应当努力采用**创新解决问题的方法**、**因果分析法**，以及**冲突解决方案**等技巧来解决和关闭问题。

对问题的处理可能导致项目发生某些变更，这就涉及项目的**整体变更控制**问题。对于那些会影响项目目标的问题，这种变更会牵扯到**管理相关方参与**，以及重新审阅**项目基准的设定**等问题。

能在项目团队内部解决问题，自然是再好不过了，但这并非总是能办到的。对于那些逾期未解决的问题，以及那些无法在团队内部得到合理解决的问题，可以**将问题上报**，请项目发起人或其他具有足够权威的人解决该问题。在上报重大问题时，绝不要犹豫不决，也请你将这作为形势发展到了最严峻时刻的最后一招，因为这可能对你的**管理团队工作**造成干扰，可能惹恼某个有影响力的相关方，也可能产生意料不到的结果，并由此引发新的问题。

领导力的技巧

34

领导力

> **内容**：鼓舞其他人向共同的目标前进。
> **阶段**：在整个项目期间。
> **结果**：团队的积极性和热情得到提高,从而增大了项目成功的可能性。

打好基础

项目的成功取决于有效的领导。无论你是大型工程(拥有几百个向你汇报的员工)的经理,是小事情(仅有一些志愿者参与)的负责人,还是某个项目(规模在前两者之间)的项目经理,你都是一个领导者。如果这对你来说是一个新角色,那就要对**转变为项目领导力**做好计划。请找出自己与一个领导者之间的差距,然后确定你应当做些什么来弥补这个差距。

虽然"经理"这个头衔可以由上级指派给你,但是你还必须从与你工作的同伴那里赢得他们对你作为领导者的认可。一些重要的领导技能可以从实践中学到。好的领导者注意善待他人,所以你必须成为会主动倾听的行家。在与别人讨论问题时,要经常复述和核实对方的话,以确保你正确地理解了别人的意思,并让他们认识到,你正在认真倾听。领导者必须具有可信性,因此你要努力做到使你的承诺清晰明了,并且说到做到。有效的领导者还必须展示其正直诚实的一面。在你的沟通过程中,要自始至终实话实说,让别人感到你是一个靠得住的人。

领导团队

要激发团队成员对项目的热情。可以使用**无职权的影响力**技巧来找出团队成员的关注点。要强调项目的那些有趣和具有挑战性的方面，并通过你的热情和信心来增强团队成员的**积极性**。项目往往是复杂和困难的，它们不是简单和唾手可得的，它们的成功是因为大家重视它、在乎它。

要了解你团队的价值观，并设法将你的工作方法、**项目愿景**、**项目的目标和优先级**，以及所有的项目沟通工作都与共同的价值观相吻合。要通过讨论、共同制订计划，以及经常性地强化目标和成就感来帮助人们了解本项目的重要意义。

要培养一种适合你团队的领导风格。在一些团队中，有一位说话不多、坚定果断、带有一些专制主义色彩的领导者，团队就能工作得很有成效。在另一些团队中，人们可能更愿意采用全体一致同意的方式来做出**决策**。而对于大多数团队，人们通常采用协商一致的做事风格，但在遇到障碍或时间紧迫的情况下，采用"命令+控制"的做法，反而工作得更好。在与某些团队成员交往时，你会发现，有必要根据文化、个人偏好或具体环境来改变你的领导风格。

要在团队成员之间加强相互信任。要对所有的项目参与者实行有效的**管理**，并通过为团队成员提供**教练和辅导**来培养成员之间的亲密关系。要让大家知道，在什么时候你会同意他们的观点，而在什么时候你会有不同的见解。要用一种没有指责的语气和不具有威胁的方式让他们知道你不同意的原因。要展现对团队的忠诚，在与别人发生争执时，在一开始要站在自己团队成员的一边。如果你不能维护自己的团队，那么你作为领导者的威望将会一落千丈。

要开展有效的沟通活动。要确保项目文件随时得到更新并真实可靠。要定期发送项目报告。要花时间开展**非正式沟通**，要经常向团队成员就他们的工作表示感谢并提供反馈。要鼓励每位成员向你提出有建设性的批评意见，只要有助于项目工作，就应当考虑对你的**管理沟通**工作做出力所能及的变更。

领导者的成功来源于大家的努力，因此一定要慷慨地给予别人赞扬，要多找机会进行**奖励和认可**，以便创建一种积极的氛围，使大家能满腔热情地投入未来的项目。

克服障碍

作为领导者，你要制订**项目管理计划**，并在**项目基准的设定**方面采用实际可行的信息。通过一丝不苟地进行**范围变更控制**来减少不必要的变更，同时在整个项目期间，用大家可以看得见的方法来监督项目的进展情况。

实施积极的**问题管理**措施，当问题尚处在萌芽状态时，就应该迅速将其解决。在危急时刻，你或许需要挺身而出，哪怕职责超出了你的权力范围也不要有所顾忌。有时候，领导力需要行动果断，而不能坐等上级的许可（采用"行动在前，道歉在后"的做法）。对于你处理不了的情况，不要犹豫，应当及时**将问题上报**。

要坚定不移地处理项目问题。如果第一次处理失败了，那就再来一次。那些承担了困难任务的领导者常常面临许多挑战，要牢记"失败乃成功之母"的格言。请记住，你必须要做到"即使输掉一些小战斗，也要取得整个战争的胜利"。好的领导者要始终让他的团队盯住总目标不放。

项目范围管理的技巧

35

市场调研

> **内容**：选择和使用恰当的方法来对产品的当前需求和未来市场做出评估。
> **阶段**：在项目启动和项目规划期间。随后要根据需要及时进行重新评估。
> **结果**：为确定项目的范围及进行可靠的决策提供了坚实的基础。

找出问题

市场调研有许多目的，但是就项目而言，其主要目的是通过评估用户的需要来支持**收集需求**工作。要搞清楚你需要了解什么，并且将你需要找到答案的调研问题记录下来。

在开展新的调研工作之前，首先要审查现有的信息。回顾本单位在制订战略计划期间所做过的调研工作。收集一下从本单位内部各部门了解到的情况，如客户的抱怨、销售数据及客户的要求等。还要考虑能从公开场所获得的信息，如杂志、公共服务部门、行业咨询部门及因特网等。

选择方法

对于探索有关动机和替代选择方案等一般性问题，一些定性的方法，如**客户访谈**、重点人群调查及通用的调查方法等就很有效。

而对于检验替代选择方案、跟踪发展趋势，或者估算可以度量的标准等工作，定量方法是十分有用的。人们常常委托一些专业服务公司来设计和实施一些统计学模型和对照实验等调查工作。你还可以使用某些人体工程学测试、原型、实体模型、仿真及模型来评估人们对某个新概念的接受程度。

要为调研工作提出一些建议，并且就所需要的时间和资金获得上级的批准。在如何将调研结果用于**决策**这个问题上，应当事先达成一致意见。

实施调研和记录结果

开展调研工作，并对结果进行分析，以便将其用于**定义范围**。将所有的市场调研信息存档至公司的中心部门，以方便单位的其他项目也能从中受益。

在整个项目工作期间，在必要时应当再次查阅这些调研结果，并将其作为项目**整体变更控制**和**项目评审**工作的一部分。

团队合作的技巧

36

矩阵型团队（跨职能团队）

> **内容**：增进和维护项目团队的团结，在这种团队中，各个团队成员向各自的经理汇报工作。
> **阶段**：在整个项目期间。
> **结果**：来自不同背景的团队成员得以开展有效的合作。

确定组建矩阵型团队的必要性

大多数单位都是按照部门组织起来的，一个经理负责管理具有类似专业的员工。例如，市场部经理管理营销人员，研发部经理管理工程师等。但是，复杂的项目往往要依赖由不同部门的成员组成的团队，大家携手并肩、共同工作。

矩阵型项目团队（也被叫作跨职能团队或多专业团队）的成员具有不止一个上级经理，也就是他们原先所在部门的经理和负责领导这个项目的项目经理。当项目经理具有更大权力时，这个团队就叫作强矩阵；当原先那个部门经理具有更大权力时（大多数情况），这就是一个弱矩阵项目团队。

对于个人和团队的发展而言，弱矩阵项目团队具有更可靠的工作保障、更稳定的未来发展计划和更有效的**建设团队**举措，但是他们对项目的责任心和**积极性**可能都不高。矩阵型项目团队常常由一群互不相识的人组成，因此，为了取得成功，项目领导者必须努力建立**无职权的影响力**。

36 矩阵型团队（跨职能团队）

组建有效的矩阵型项目团队

对于矩阵型项目团队来说，那些有关组建团队和有效**管理团队**等方面的方法都是有用的，但仅有这些方法还不够，还需要特别注意以下问题：

- 具有强大的项目号召力，以支撑**项目的发起**。每当需要你对**问题管理**、**将问题上报**或**冲突解决**进行大力干预时，这点尤为重要。
- 对于每个团队成员从事本项目的时间和工作量，要从其部门经理那里得到明确和正式的承诺。
- 要清楚地**赋予责任**，确定每个人的角色，并仔细说明这位团队成员为什么在本项目中必须承担此职责。
- 在**制订项目管理计划**时，必须进行跨部门的全面合作。
- 必须有一个公共场所（一个真实的"作战室"，至少具备视频网络系统）。

对于所有的项目团队来说，关系都是十分重要的。对于矩阵型团队来说，关系的建立更加艰难，而关系的破裂则尤为迅速。要努力发现并充分利用团队成员所具有的共同点。从**项目的目标**开始找起，确保项目成功对每位成员都是十分重要的，并以此作为大家团结一致的基础。迅速建立团队成员共同的**项目愿景**及彼此之间的信任的有效方法是，召开**项目启动研讨会**。

对于一个高绩效的矩阵型团队而言，你还需要发现并增进成员之间的共同点，如兴趣、业余爱好和经历等。要善于发现和利用过去的工作关系，特别是以往从事成功项目所建立的合作关系。彼此相互尊重的同事关系也是一种很有用的关系。

开展活动能够提升团队的凝聚力。小型的项目活动，以及与项目无关的集体活动（如聚餐或团队选择的其他活动）对于增进了解和建立信任也大有裨益。

可以通过为团队命名的办法来提高成员的身份感。要鼓励大家更关注项目本身，而少考虑一些个人问题。

保持一个有效的矩阵型项目团队

促使一个多元化团队始终能团结一致和积极进取，有赖于强烈的忠诚。忠诚是一个自然赋予的有用属性，必须通过始终不渝地支持团队成员来实现这一点。只要有可能，就要在团队成员之间开展**冲突解决**工作。当员工之间出现矛盾时，需要逐一有针对性地寻求**工作绩效问题解决方案**。请求某个成员的主管经理介入只能当作最后一招。尽管这么做很费时间，但对于项目的最终成功而言，保持团队成员的忠诚是不可或缺的。

要把工作重点放在**管理沟通**上。在保持跨职能团队的积极性上，**非正式沟通**尤其重要。对于一个跨职能团队或**全球化团队**来说，在**规划沟通**时要持续保持警惕，尽量少用那些行话、俚语、过分专业的术语，以及那些可能引起疑惑的词。应当使用最适合的**用于项目管理的软件和技术**工具来支持随时随地的沟通。

对于费时较长的项目，要定期将团队成员召集在一起，例如，利用**项目评审会**这样的机会。如果那些远在外地，彼此很少有机会或根本无法接触的团队成员逐渐变得相互不信任，这会给项目带来麻烦。

可以通过经常向你的团队成员（也包括他们的主管经理）就其做出的贡献表示感谢来融洽关系。应当充分运用已有的、正式的**奖励和认可**制度来保持团队的积极性。

项目沟通管理的技巧

37

会议

> **内容**：用于计划和提高会议效率的有效方法。
> **阶段**：在整个项目期间。
> **结果**：实现期望的目标，并使参会者乐于出席会议。

制订会议计划

要想使会议开得卓有成效，必须事先做好充分的准备。要事先确定会议的目的。会议的成本是很高的，所以一定要确保你举行的会议"物有所值"。

应当根据会议的目标，明确以下事项：
- 应有的会议议题和议程。
- 应有的参会者及他们的角色。
- 会议的后勤工作。

通过列出支持会议目标的各个议题，起草一份会议议程。在一开始，要安排时间对会议做简短的说明，并且在必要时，对上一次会议遗留的问题进行回顾。要对议题的讨论顺序做出安排，最重要的议题应当放在首位。在会议结束时，要留出总结的时间。对于每个议题，都要明确问题所在、你希望达到的结果、讨论的方法及每个与会者的具体作用等。会议日程包括会议的天数、日期、开始和结束的时间、会议的地点等。

只要有可能，应当在会议前发出通知，并且询问是否有修改、添加等反馈意见。如果会议需要提前准备，则要安排一定的预留时间。

在每次会议前,要做好后勤工作。对于面对面的会议,要安排一个会议室或其他房间,该房间要足够大,并且配备好你可能需要的设备和供应品。如果条件允许,可以安排一些茶点或小吃。在会议开始前,要对房间进行布置,以便所有人都能彼此看见,可以安置显示屏,也可以使用其他供发言的讲台等。

如果与会者中还有外地人员(或者每个人都在外地),那就要确保每个与会者都能用上相互兼容的**用于项目管理的软件和技术工具**。而对于有外地人员和**全球化团队**参与的远程会议,要事先安排好使用必要设备和设施的日期。

确认与会者

要确定那些应当参加会议的与会者,包括:对于会议必须做出的决策和提出的建议持批评意见的人、那些可能受到会议结果影响的人,以及对于会议的议题具有真知灼见和专业知识的人等。好的会议应当具有包容性,所以必须让所有与会者都答应按时出席会议。

要想举行有效的会议,有几个角色必不可少。会议的领导者要发挥两个作用:一是主持人,负责掌握会议的进程;二是引导者,负责指引会议的内容。尽管一个人可以同时身兼二职,但是由两个人各司其职会更有效。这对于大型、正式的会议尤为重要,因为在这种场合,主持人的作用是保证会议顺利进行,他起的是"交通指挥员"的作用,保证与会者不会因为纠缠会议的细枝末节而分散注意力。有效的会议还需要一个记录员(或抄写员),他负责记录会议中的所有发言。

会议的开始

准时召开会议是最重要的。耐心地等待迟到者到场后再开会,相当于对迟到这种不良行为的鼓励,这会导致迟到现象越来越多。

在必要时,首先做一个简短的说明,介绍一下会议的目的和议程。可以对议程做必要的调整,并把会议议程张贴在大家都能看见的地方。

要想让会议有成效,少不了一些基本规则。其中有用的规则包括:

- 对事不对人。

- 同一时间只能有一个人发言。
- 除非在休息期间,在会议进行中不得使用手机、笔记本电脑,以及其他分散注意力的设备。
- 每个人的发言都必须简明扼要。
- 每位与会者都对会议的成功负有责任。

对于这些会议基本规则,仅仅通过口头说明和张贴通知是不够的。会议主持人的任务就是,在整个会议过程中积极主动地执行这些规则。

会议的进行

在会议进行中,要依据会议的议程表来安排时间。如果讨论议程表上某个议题所花费的时间超过了原先计划的时间,就结束该议题的讨论,将它安排到以后的会议,或者在征得大家的同意后,对现在的议程进行调整。只能在个别情况下延长会议的时间,而且仅仅对紧急议题才能如此安排。

同一时间只针对一个议题进行讨论。每当与议题有关的新问题出现时,不要不管它,但也不要分散对主要议题的注意力。要始终把每个新问题都记录到"待议问题表"上,并且确保在后续的会议里逐一进行讨论。

要把整个会议期间所发生的事情都记录下来。要使所有的与会者都能对要讨论的要点一目了然,这样做有利于大家的理解,即使是迟到的与会者也不至于对会议产生干扰。当有人表示对记录的措辞有异议时,要对其进行修改。在整个会议期间,要把所有的决策、建议和结论全都记录下来。

应当使用**冲突解决方案**来处理在会议期间产生的问题。许多问题都可以通过执行你的会议基本规则来解决。当有人打断别人发言,对别人进行指责,或者出现其他违背基本规则的行为时,要立即对这些破坏会议气氛的行为进行制止。如果对不良行为缺少明确的规定,就要考虑花少许时间来制定一个。倘若你不能迅速处理这些不良行为,它就会反复出现,甚至可能愈演愈烈。

对于用时较长的会议,应当定时休息一下,以便大家恢复精力。在每次休息前,要宣布再次开会的时间,并要求所有与会者都要准时到场。再次开会时也要保证准时。对于时长超过一小时的会议,要安排好议程,使大家的交流和讨论都能够积极活跃,避免产生厌倦和心不在焉的情绪。

结束会议和后续工作

在会议的最后，要使用**问题管理**方法来处理有关今后工作的问题，要确保每项工作都得到明确的说明，并且指定了一个主办人以及完成工作的目标时间。对于那些登记在"待议问题表"上的，打算以后处理的问题，要确定解决问题的方法。如果需要再次召集相同的人员召开类似的会议，应宣布下次会议的日期、时间和地点，并且记录下次会议要讨论的议题。应花点时间对会议的成果进行总结，争取每次会议都能产生积极的效果。

要准时闭会或稍微提前一点结束会议。习惯性地拖延会议时间会让大家心存不满，打击今后出席会议的**积极性**，并且耗费了原本可以用于其他工作的时间。在离开会议室前，要花点时间将其打扫干净。拿走散落的纸张，将黑板擦干净，清除垃圾，并将座椅放归原处（如果你把它们重新布置了的话）。

在会议结束后，要根据会议的记录尽快编写一份总结，并把它分发给与会者，以及那些需要知道会议结果的人。要联系那些没能出席会议的团队成员，特别是那些对今后的工作负有责任的人。

在每次会议结束后，要跟踪后续工作的执行情况，并留意那些遗留下来的尚未解决的问题，包括那些登记在"待议问题表"上的问题。如果需要继续召开会议，那就要未雨绸缪，开始为其做好准备工作。

领导力的技巧

38

激励（积极性）

> 内容：提高项目团队的绩效。
> 阶段：在整个项目期间。
> 结果：调动项目参与者的积极性和获得项目的成功。

激励项目参与者

有效的项目**领导力**应当根据每个人所关心的问题设定其个人的目标。要明白大家想做什么，并且在**赋予责任**时，尽可能地将责任与其愿望相匹配。对于在项目**定义活动**中所确定的某项工作，应当把主导权交给那位对其有兴趣的且能胜任的团队成员。对于每件项目工作，都要把负责人的名字记录在案。要让该负责人参与他所承办工作的**职责分析**、**估算活动持续时间**、**估算活动资源**和**估算成本**等活动，以强化他的责任感，使其心悦诚服地接受这项工作的委派。

当人们得到某些他们希望得到的东西，来以此作为他们实现自己承诺的回报时，他们的积极性就会更高，所以，可以使用互惠原则来提升**无职权的影响力**。

考核能够激励相应的行为，因此，应当建立并使用可用来考核的**项目度量指标**来支持你希望见到的项目绩效。鼓舞人心的考核工作是客观的、非威胁性的，是用来改进过程的，而不是用来惩罚人的。

要确保大家通过有效的**管理团队**活动来实现彼此关心，并肩协作。要为每个人找准岗位，使他们能发挥自己的长处，并使他们的所作所为符合项目顺利开展的需要。要了解每个人的价值观，还要建立一个能够与其兼容的团队价值观。

要创建一个高效的工作环境。要对项目计划进行审核,力争去除无用的累赘,并积极寻找机会来进行**过程改进**。要更换或更新老旧的设备,并且在**规划沟通**管理中探索和采用更有效的方法。

要营造一种相互尊重的和公正的气氛。要大张旗鼓地公开表扬他人,但在处理批评、指出缺点或提供其他负面反馈时,则必须在私下进行。提倡集体**决策**,鼓励大家踊跃参与**制订项目管理计划**及其他分析工作。开展公开的、双向的和真心实意的**管理沟通**工作,向大家提供必要的信息,以此来支持项目工作的运行。

让项目成为一件人人关注的大事。要创建一个足够吸引人的、受到团队积极拥护的**项目愿景**。团队成员要齐心协力为工作成果、质量和绩效制定高标准,使每个人都愿为之努力奋斗。

增加积极因素

要使用**奖励和认可**来对个人和团队的出色表现进行褒奖。要按照团队的偏好来制定奖励措施。对于好的表现,要用公开的和私下的、有形和无形相结合的鼓励方法做出积极回应。绝不要低估时常对正面行为进行强化的作用。

要经常注意个人和团队所取得的成就,并且亲自对他们表示感谢。对于项目取得的重大成绩,要在书面报告中进行称赞,或者在文化习俗许可的情况下,在召开单位大会时,在组织的报告中表彰个人和项目团队的贡献。

庆祝成功。在**项目评审**或在实现重要的里程碑后,要抽时间把团队成员集合到一起,让大家相互表示祝贺。在某些情况下,金钱奖励是很必要的激励手段。但不能经常这么做,以免将这种做法"变成"理所当然,也不能私下进行金钱奖励,因为这会打击那些没有拿到钱的人的积极性。

将消极因素的影响降至最低

对于团队出现的问题,要迅速果断地进行处理。要通过**工作绩效问题解决方案**来尽快查明和处理那些没有兑现的个人承诺。当员工之间产生分歧时,要在团队内部采用**冲突解决方案**来恢复合作精神。对于那些超出你控制范围的难题,则应当迅速**将问题上报**以寻求帮助。

要通过有条不紊的**整体变更控制和范围变更控制**工作，将不必要的变更尽量减少。一旦发现变更不可避免，要与你的团队一起设法减少变更带来的一般费用和其引起的干扰。

要找出和剔除那些无价值的一般项目费用。要取消不必要的**会议**，并且要做到长会短开。不要撰写那些没有人看的报告，并且去掉项目中那些不必要的活动。要注意发现和取消任何无用的项目工作。

项目进度管理的技巧

39
多个依赖项目

> **内容**：对于一个大型、复杂系统中各个独立开发的组件，制订相应的项目计划。
> **阶段**：在项目规划和项目执行期间。
> **结果**：积极地识别和解决各个项目之间的相互依赖关系，实现对一个大型、复杂项目集的成功管理。

分解和确定一个项目集

要想管理好一个大型且复杂的项目，有赖于某些确定的管理原则，但是，当项目超过一定的规模后，成功的管理还需要有一定的项目集管理步骤。要想对此类项目集成功地制订计划，首先要制订全面的项目**规划范围**，并且要使企业的战略与从用户那里**收集**到的**需求**相一致。就管理这种大型且复杂的项目集而言，首先应当从将这个项目集分解为一系列既独立、又相互依赖的小项目开始，其分解程度应当达到类似项目**工作分解结构**的程度。对项目集进行分解的方法随项目集种类的不同而各有千秋，但是其中都包含系统分析、软件架构、并行工程学及同步开发等方法。

此类项目集总体计划的提出，大部分都是由发起战略分析的高层相关方完成的，并且在项目领导者和赞助者介入之前很早就邀请**项目集的发起**人参与其中的工作。然而，一旦确定了这个项目集的逻辑结构，下一步的工作就是确定这个项目集的人员组成了，而首当其冲的就是确定承担该项目集总体责任的经理。

然后再由该项目集经理来决定相应的人员配备。首先，他要确定的是所有项目及构成这个项目集的各中间层级的领导者。其次，通过**赋予责任**来让他们制订各个项目的计划并进行管理。对于其他那些直接向项目集经理汇报工作的负责人，可能被要求参与制订项目集一级的计划、跟踪检查、处理下面上报的问题、编写报告，以及其他各种**项目办公室**的工作。该项目集经理还需要一位能够应用**用于项目管理的软件和技术工具**的员工，能够实施**无职权的影响力**，能够容忍模糊性，并能胜任复杂的**规划沟通**管理、**沟通管理**及**沟通控制**等工作。要确保所有参与项目集管理的人员都具备处理他们各自分内工作的能力。

为了使项目集得以快速启动，可以召开一次或多次项目集**启动研讨会**。向大家介绍该项目集的总目标，并清楚地规定每个项目团队对总目标应做的贡献和所承担的角色。

为各个组件项目制订计划

制订计划的下一步是，对项目集层级结构中所有最低层级的组件项目**制订项目管理计划**。依据项目集的目标和约束条件，每个组件项目团队着手制订全面的、由细节到总体的项目计划。

鉴于所有的组件项目都是相互关联的，因此在不同的组件项目中，各项**排列活动顺序**的工作流之间的联系或许是十分紧密的。在制订每个组件项目计划时，必须找出来自组件项目以外的、可能对工作进展产生干扰的所有必要的输入。

将所有的外部输入登记为项目集的接口。也就是说，你是一个需要某项外部输入的"客户"，这样，你就可以开始与一位能提供这种输入的、作为"供货商"的组件项目领导者开始对话。图39-1 表示了这种关系。

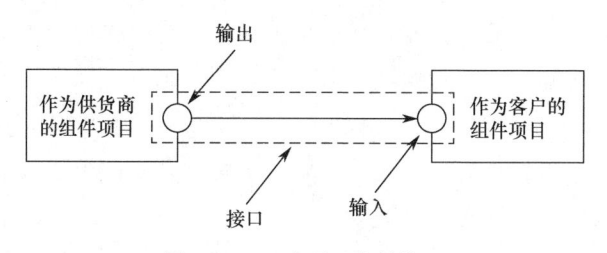

图39-1　一个项目集的接口

要通过执行与作为供货商的组件项目领导者所达成的协议，来解决接口的可靠性问题。关于接口的讨论重点，应当放在完成标准，以及对输出的准确描述上，如此才能确保所需的输入与你的需求相一致。即使组件项目也在你们单位内部完成，也要把接口协议当作一项正式的合同来看待。对于项目集的所有接口，都要把供货商与至少一个客户之间的协议记录在案，包括提交条件的说明，以及根据每个组件项目**制订进度计划**所要求的提前时间等。

尽管项目集的管理人员要对所有的接口管理（协调讨论；处理上报的问题和解决违反协议的事情；为没有解决的输入寻找相匹配的可以提供输出的供货商；正式记录所有的接口等）承担最终的责任，但是组件项目的领导者必须确保其所有的接口（尤其是输入）都是可靠无误的。

将计划整合为一体

如果还有任何尚未得到匹配的输入（或输出），就要设法进行解决。在核实了每个输入的要求后，可以通过以下方法来解决：

- 寻找一个合适的供货商，并确保协议得到执行。
- 从其他来源那里寻找可以接受的替代品。
- 制订计划，把必要的活动整合为需要该输入的一个项目。

类似地，要为所有没有得到匹配的输出寻找客户，或者，如果不需要这么做，那就可以忽略所有相关的活动。总的说来，工作重点应当放在项目层面，应当设法使所有有关各方都接受接口说明。

如果确定的接口数量过于庞大，那就要重新审议原先所做的项目集分解工作，设法将项目集划分为更多相互独立的项目。处理太多的接口是一项风险很大的工作，会引起混乱，导致耗费巨大的精力。

应当根据来自接口的数据编制一份项目集进展时间序列表，借以显示各个小项目之间的相互关联性。应当使用活动概要说明书来表示项目的工作（不需要细节），一旦某些输入和输出与两个或更多的项目有关，还必须识别其相互之间的依赖关系。要检查项目集的工作流程，以找出是否存在由于项目进度问题而导致项目集在执行过程中出现的不衔接之处。

对于最初编制的项目集时间表，它几乎很少能满足项目集的时间目标，并且也总是会暴露出许多意料之外的问题，如资源超出许可、人员冲突、预算超支等。这时，项目集管理人员要和项目领导者一起，通过使用**约束条件管理和优化计划**等方法，制订替代的项目计划，以此来解决项目集的问题。这个制订计划的过程可能需要重复一次以上，对于那些由多个不同级别的项目构成的项目集来说尤其如此。还要通过调整项目计划的时间和**规划人力资源**管理，来满足项目集的进度要求。并不是所有的项目集问题都可以通过重新制订计划就能解决，对于有些问题，或许需要对项目集最初所确定的总目标进行修改。

一旦总计划得到项目集发起人和相关方的认可，就要将该项目集的基准计划形成文件并存档。

跟踪和管理项目集

对于项目集中每个最低层级的项目，都要对其**项目计划的执行**情况进行管理。项目集层级的工作包括：跟踪接口是否出现了偏差；对同时影响多个项目的问题进行**问题管理**；将那些需要上升到项目集层级的问题进行上报。

要定期对项目集和项目的进展情况进行**项目评审**，以考核计划和接口的执行情况，对于费时费力的大型项目集而言，尤其要注意这一点。

项目成本管理的技巧

40

多个独立项目

> 内容：管理多个互不相干，但资源共享的项目。
> 阶段：在项目规划期间。
> 结果：预测一组项目的实施情况，以此制订符合本单位员工具体情况的人力资源计划。

确定一组项目的优先级

同时开展过多的项目是一个常见的组合管理问题。它往往凸显人手捉襟见肘的情况，而同时实施众多的项目通常会引起混乱，使得**管理团队**的效果不佳，并挫伤员工的**积极性**。成功地完成项目既要关注细节问题，也要把注意力集中在少数几个关键问题上。

可以运用系统**决策**的方法把所有正在考虑的项目进行排序，考虑的因素包括：交付的价值、紧迫性、重要性、战略意义、成本、花费时间的长短等。（如果最初的项目列表很长，那么要在制订详细的计划和估算成本前，对这些项目进行排序。重点为那些最优先的项目——你认为能够配备足够人手的项目——编制资源需求进度。）

按照从最高到最低的优先级列出所有需要考虑的项目。

为每个项目制订计划

要逐一关注每个具有高优先级的项目。要为每个项目确定其**目标和优先级**，并制订项目管理计划。在完成估算活动持续时间和制订进度计划时，为了简化资源分析，应使用统一的度量单位。

要根据估算活动资源和估算成本，为每个项目制定资源供给进度表。还要编制一份每周所需的资源配置表，它类似资源平衡工作所使用的表格。要为每个项目准备一份人力需求概要。既包括总的人手需求，也包括对高技能人员的需求。可以采用用于项目管理的软件和技术工具中的直方图，将资源数据累计出来，或者将每周的资源概要记录至电子表格或一般表格。

按照每周所需的资源，制定第二套资源配置表，确定所有能够到岗并承诺参与该项目的员工（总人数及高技能人员数量），并且使其与你的项目工作量相吻合。在你的配置表中，还要考虑所有的假期、计划的休整时间，以及其他个人时间安排上的冲突和其他工作因素等。

将各个资源需求汇总为一个整体资源计划

首先从优先级最高的项目开始，为该项目的活动分配相应的人手，并使用进度编制工具或电子表格，将其工作量配置情况汇总至一个整体资源计划。

按照顺序，继续将人手分配给优先级低一级的项目，直到你遇到这样一个项目，即该项目使总的人力资源计划超过你能得到的资源配置，这里指的是，或者在总人数上超过了，或者某一类人员的数量超过了。如果遇到这样的情况，你面对的项目通常是一些更小、优先级也更低的项目（如果有的话），而这些项目可以利用剩余的人手开展工作。此时，就可以考虑结束人力资源配备的过程了。尽管有着全面安排所有人员的"诱惑"，但谨慎的做法是，保留一定的人员（典型额度是10%）作为储备，以应对意料之外的工作及管理风险。

调整项目目标

为优先级最高的项目设定基准，并准备项目计划的执行。

在资源分析的基础上，就其余项目磋商项目变更问题。需要考察的问题如下：

- 通过使用总资源配置表中尚未安排的资源来加快所列出的高优先级项目。

- 通过**规划人力资源**管理获得额外的人手，来满足优先级列表中其余项目的时间和范围目标。
- 对于剩余的项目，推迟其最终截止时期，以便与高优先级项目完成后所撤出的人员衔接。
- 减少某些剩余项目的范围，以便它们得以实施。
- 在**规划采购**和**实施采购**中，通过工作外包来增加人手。
- 重新制订优先级较低项目的计划，以减少对资源的需求。
- 在进度许可范围内，延缓某些高优先级项目的活动，以增加可以使用的人力资源。
- 通过**过程改进**、培训、自动化、设备更换、软件升级及其他措施，来提高劳动生产力。
- 安排少量的加班，但这只能作为最后的手段。

监督工作过程并管理资源

开始实施所有已经配备足够人力资源，且具有最高优先级的项目，并将由于缺乏足够人力资源而推迟的那些优先级较低项目的情况通知有关人员。应当公开发布你的资源配置决策，并且采用**管理相关方参与**的方法来确保项目发起人、团队成员和其他人员理解并接受你所做的进度决策。

跟踪每个项目的工作进展情况，对于优先级最高的项目，要努力保障其人手和资源的需要。

通过**整体变更控制**来处理项目变更问题，确保预定的工作优先级得以顺利执行。

定期更新你的资源配置和当前正在实施的项目清单，在**项目评审**期间，要了解人员配备的变化、项目的新需求及已经完成的项目情况等。

项目采购管理的技巧

41
合同谈判

> **内容**：签订正式的协议，与没有这个协议相比，对所有当事方会更好。
> **阶段**：在项目启动和项目规划期间。
> **结果**：一份毫不含糊、清楚规定了承诺并经过签字的协议文件体现了各当事方的利益。
> **注意**：虽然这里描述的过程是从服务合同采购方的角度来说的，但是对于提供服务的合同方来说，其中某些考虑也与他们有关。

准备工作

在**规划采购**和**实施采购**过程中，要了解自己都掌握了对方哪些情况。可以通过头脑风暴来估计对方的观点和想法。要确定对方是由谁来拍板，并且要始终只和这位决策者（或者得到授权可以决策的人）直接进行谈判。

要把你最重要的谈判目标记录下来。要确定哪些是重要的利益，如完成工作说明书（Statement of Work，SOW）的要求、成本或其他优先考虑的事项。明确你能接受的最坏结果（如最高价格或履行合同的最长时间等）。通过采用"谈判协议最佳替代法"（Best Alternative to a Negotiated Agreement，BATNA）来确定这些限度。如果谈判无法满足你的最低要求，那就随时准备离开。

要制定一份谈判策略。包括目标、优先考虑的利益、事前确定的底线及**决策**的标准等。如果你缺乏谈判经验，可以向法律、采购、人力资源或购买等方面的专家请教。要明白你自己的权力大小，并且不要超出授权给你的谈判范围。

在谈判前，要对你的谈判方法进行演练。请某个同事扮演谈判对手，并对你的表现进行评论，以此来提高你的谈判技巧。

进行谈判

应当为要进行的谈判确定一个满足项目进度要求的截止日期，并严格遵守。

要设法与对方建立良好的工作关系。在谈判期间，要进行诚实和清晰的沟通。要用事实、数据和具体度量指标来阐明你的观点。要通过提问和倾听对方的发言来验证自己的理解是否有误。对于长时间的谈判，应安排定时的休息，以使自己始终保持理性和客观。

在达成协议后，你将与对方合作共事，因此，在谈判期间就应当开始建立一种信任关系。应当设法在兴趣、经历、教育或背景等方面寻找共同点。

要了解对方的关切，并把你们的讨论与这些关切直接挂钩。要进行有的放矢的谈判，也就是将讨论的重点放在你和对方都最关心的议题上。要避免使谈判陷入僵局。当对方提出其他建议时，应当探究其隐含的意思是什么（"请问，你能告诉我为什么那个问题对你很重要吗"）。当讨论变得激烈时，要礼貌克制，适可而止，然后重新用数据说话；或者休会一下，以使双方都冷静下来。

随着谈判的继续，要随时总结已经达成协议的内容，并将讨论重点放在剩余的、还存在分歧的部分上。如果谈不下去了，可以使用**头脑风暴**和**创新解决问题的方法**来获得替代方案。要以一种开放的心态来讨论这些方案。应设法先解决那些最紧迫的难题。如果事情变得很明显，即达成符合你标准的双边协议已经不可能了，那就终止谈判。

在所有的问题都得到解决之前，不要签署最终协议，但是，在谈判进程中，要把交付条件、完成标准、成本、时间、惩罚及其他重要事项的具体要求都记录下来。对于每个交付条件，要确保它的各项参数、经办人和时间要求等都清楚明确。要对所有的接收条件和试验标准进行讨论，并对**范围变更控制**方法确定明确的步骤。谈判达成的协议应当能够有效支持你的项目，并且要把付款、奖励或惩罚条件与对方完成特定的成果相对应。

结束谈判

一旦达成了可以接受的最终协议，就要用简洁明了的文字形成书面文件。只要有可能，就应当使用标准格式或预先印好的文档来记录协议的要点。

要对协议的达成表示祝贺，并向对方致谢。

定案和实施

协议的最终完成还需要各方代表的授权签字。继续必要的书面工作，随后开始执行**控制采购**过程的工作。

项目整合管理的技巧

42

磋商项目变更问题

> **内容**：使用详尽的计划数据来对项目目标进行必要的变更。
> **阶段**：在项目规划和项目执行期间。
> **结果**：依据一份可靠的计划，对项目的预期进行修正。

收集你的数据

你劳心费力地制订项目管理计划，但该计划表明，你原先设定的**项目的目标和优先级**无法实现，甚至在进行**约束条件管理和优化计划**后也依然如此。一旦发生这种情况，就要从详尽的计划中汇集各种事实数据，准备与你的项目发起人磋商项目变更问题了。这些事实数据包括：

- 一份高层级的项目概要，其中含有项目里程碑的进度安排。
- **工作分解结构**。
- 甘特图或其他进度表（基于**估算活动持续时间和制订进度计划**）。
- 依据**估算活动资源**、**估算成本**及**成本预算**，编写资源和预算概述。
- 一个或几个有关替代项目的建议。

使用你的计划数据，编写一个文案，以此来说明最初的项目目标是不可行的。要想获得项目变更的认可，需要进行以事实为依据的、有原则的谈判。通常，项目发起人要比项目领导者具有更大的权力和更高的权威，所以不会理睬那些仅仅根据你在意的问题和你的看法而提出的论据。但言之有据的项目数据能提升你**无职权的影响力**，从而有助于谈判。

准备工作

制定你的谈判目标。明确并记下你打算通过谈判得到的结果。如果该项目需要更多的时间或更多的资源，那就拟定一份完善的商业文案来支持你的要求。如果需要变更的是项目的交付条件，那就要说明原因，并且要能证明做出修正的合理性。制定能够得到双赢结果的替代项目方案，例如该方案有可能提升原先项目的价值；或者把该项目分解为一系列较小的项目，而这些小项目或许能提前交付价值等。还要准备一份有吸引力的会议**演讲**来支持你的建议，在发言时，应当使用简洁、明了的非技术性的语言。成功的谈判还需要使大家**对你的想法建立共识**，因此要对可能有的反对意见想好如何应对。

在与项目发起人举行会议前，要对你的谈判方法进行演练。请某个团队成员扮演项目发起人，对你的变更方案进行研讨，并让大家对你的谈判表现进行评论，以便改进你的谈判方法。

谈判

首先要确认的是，可以由你来负责召开一次**会议**，然后与**项目的发起**人商定一个具体的会议日期，以讨论你的计划和替代方案。

讨论一开始，应当展示你的计划结果，解释你为什么无法实现原定的项目目标。首先要提供你的计划概要，在必要时，还要提供额外的详细资料以支持你的观点。

给出你认为最好的替代方案，以及你考虑的其他好的选择。要鼓励大家就这些替代方案提出问题并展开深入讨论。还可以用有文件记载的项目历史数据来支持你的建议。

要力争使谈判达到"双赢"的结果，也就是你和项目发起人都能取得一个满意的结果。如果项目谈判的结果是，只有发起人一方"赢了"，那实际上所有人都输了。因为假如项目的目标是行不通的，那么你和你的项目团队之所以会输，是因为你们必然会身陷一个注定失败的项目之中，到那时，项目发起人和相关方也都输了，这是因为他们无法得到他们想要的结果。

要使用你计划的替代方案来引导人们在会议中讨论如何解决问题，进而做出明智的**决策**，让每个与会者都努力寻找更好的方案。要把谈判的重点放在解决项目问题上，并设法更改项目目标，使其与那个实事求是的计划相吻合。

结束谈判

你需要达成协议，以使用可靠的计划来执行项目，从而实现项目目标。在达成协议后，你就可以着手开展**项目基准的设定**工作了。

在对最好的项目计划进行实事求是的分析后，如果你认识到这是一个糟糕的想法，就不要再勉力为之了。尽早舍弃一个注定失败的项目，将**项目取消**，这对每个人都是一件幸事。

如果你的发言无法使项目发起人信服，或者大家都没有听进去，你可能将被迫执行因不切实际而难以为之的项目。倘若如此，要把情况记录下来以备日后查用。然后尽你所能地搞好工作，同时还要继续寻找其他的替代方案。

领导力的技巧

43

组织变革

> 内容：改变人们的工作方法。
> 阶段：只要有必要，就随时进行变更。
> 结果：支持必要的过程变更，使阻力最小化，并且能被大家迅速采纳。

记录需要

当**项目度量指标**显示存在低效能的工作方法时（该工作可以是**项目偏差分析、问题管理、控制质量、项目评审**，或者从已经结束的项目那里学到教训等工作的一部分），就可以使用**过程改进**技术来开发更好的工作方法，并且将新的标准工作步骤记录下来，形成文件。

除非新的工作方法是完全自动化的，否则，制定新的工作流程并不是全部工作。你还必发挥**领导力**，让新工作方法被大家接受，并且说服大家抛弃以往那些陈规陋习。

确定角色

要想在组织中实施成功的变革，取决于许多角色。

- 鼓动人。项目领导者常常要鼓动人们对工作方法进行变更。作为鼓动人，你需要认识变更的必要性，制定相应的商业论证，**为你的想法建立共识**，并获得人们对**项目的发起**的响应和支持。

- 发起人。一旦鼓动人证明了项目变更的有利条件和必要性后,这些变更通常由担任项目领导者的经理发起。
- 操办人。变更的操办人负责开发新的工作方法并进行推广。
- 目标人。是指那些受到变更影响的人们,需要说服他们接受变更并修正其工作方法。

计划变更

为了实施变更,你必须制订一项计划。该计划包括4个关键要素(见图43-1):

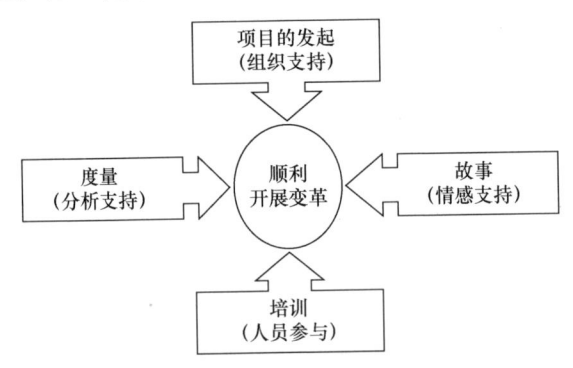

图 43-1　顺利开展组织变革的要素

- 概述发起人的重任,让他们承诺履行向大家发送备忘录、主持会议及其他工作。
- 制定度量指标,以确定初步的工作方法基准,并且用它来证明新方法的好处。
- 从先前类似的工作中找出成功的故事(如试点工作),以说服变更的目标人并使他们给予合作。
- 通过培训让目标人做好变更的准备,让他们参与制订变更计划的工作。

要查明变更阻力的源头在哪里,采用力场(Force Field)和**因果分析法**来制订计划,以求将故意拖延和恶意抱怨的情况减少到最低。

要为沟通、培训及改变工作方法所需要的其他支出争取资金。重大的变更可能需要花费半年或更长的时间,才能使新方法融入正常的工作。

实施变更

要人们体验变更带来的好处，要从他们的角度来清楚地证明"变更中的哪些东西是为他们着想的"，以此来提高他们对变更的**积极性**。

要用**项目度量指标**来测评变更的初步效果。如果对项目度量指标的测评结果表明，变更没有达到预想的结果，或者出现了重大的、意料之外的后果，就要对变更进行进一步的完善，或者恢复原有的工作方法。

要通过大力协作来巩固成功的变更。可以使用**奖励和认可**等措施向那些身体力行的变更目标人群表示感谢。收集更多的、具有正面体验的成功故事来支持下一阶段的变更，以提高落后的人员对变更的接受程度。

在整个新旧方法的转换期间，都要锲而不舍地工作，直到对工作的测评表明你已达到了预定的目标。在结束变更工作或该**项目取消**的时候，要分析从该项目中获得的教训，并对今后的变更工作提出建议。

通用管理的技巧

44

项目管理工作的组织

> 内容：规范和建立有效项目管理的基础。
> 阶段：在项目启动前及项目启动期间。
> 结果：一个有利于项目取得成功的环境。

建立对项目管理的支持

要想使项目管理工作取得最大的效果，需要把单位的意愿和恰当的规范及前后一致的管理方法结合起来。如果你的工作环境缺乏下列要素，那就要同心协力共建它们。一个高绩效的项目管理机构通常具有以下特点：

- 有效的项目经理选拔程序。在这些单位里，很少有项目经理是"碰巧"当上的，因为这些单位的选拔程序是建立在成功**过渡到项目领导力**所需条件的基础之上的。
- 来自高层经理持续不断的支持和关注（但并非时时、事事进行干预）。对于避免产生"项目太多""决策太慢"，以及"资源耗费太多"等问题，有强大的项目鼓舞精神是十分关键的。那些**项目发起人发起项目**，然后又对这些项目失去兴趣，这常常是导致项目失败的罪魁祸首。
- 随时提供项目管理的培训、传帮带和支持。在这些单位里，项目管理能力的提升会更快。
- 针对项目的表彰制度。通过建立**奖励和认可**制度来鼓励有效的**团队管理**和合作精神，但不鼓励那些个人英雄主义的行为。

鼓励使用项目管理程序

对于项目管理而言，定义明确的方法和程序也很重要。与你记录、采用和自始至终地使用一种能够支持全面**制订项目管理计划**和顺利完成**项目计划的执行**的程序相比，你所选择的方法更重要。

项目的管理程序是必要的，但是还不够。其他的方法、**项目的生命周期**及所用的开发技术都必须协调一致，并且能够支持你的项目管理程序。如果最新开发的软件应用程序基于这样的概念，也就是你的想法和计划要耗费不必要的一般性费用，那么项目将会失败。

在整个单位内，要尽量采用标准的**用于项目管理的软件和技术工具**，鼓励每个人提高自己的专业技能，并通过传帮带来分享他们的知识。要通过开发可以共享的、预先设定好的计划模板（包括对大多数项目通用的活动信息），来提升你选用工具的效能。

那些存储在公司一级项目管理信息系统中的**项目度量指标**，对于项目的成功也有很大的作用。包含项目持续时间、成本、过去发生的问题和事件及**识别的风险**等历史资料的数据库，都是极其宝贵的知识资产。

保证项目取得最大成功的最后一个要素就是，要使**项目的目标和优先级**与单位的发展战略保持一致。赋予项目看得见的、高层级的目标，能够起到保护资源、确保优先项目得到实施，并消除各种障碍等作用，而所有这些都将大大增加项目成功的机会。

项目资源管理的技巧

45

工作绩效问题的解决方案

> 内容：迅速发现没有满足的个人目标，并且处理它们。
> 阶段：在项目执行期间。
> 结果：员工在保持个人积极性和自尊心的同时，始终一贯地履行自己的承诺。

找出问题所在和可能的原因

当你通过**收集状态情况**、**非正式沟通**，或者在其他人际交往过程中了解到某位员工的某项个人目标未能实现，或者其工作处于岌岌可危的情况时，就要清楚地查明问题所在和可能对项目产生的影响（工作进度延误、预算超支或其他负面结果）。可以使用**因果分析法**来探究其根本原因。某些可能的原因包括：

- 在**赋予责任**时，主办人没有搞清楚任务是什么。
- 这个人对所分派的工作缺乏必要的知识、技能和正确的态度。
- 这个人承担的工作太多，以致超出了他所能完成的范围。
- 没有提供完成该工作所必需的资源。
- 该工作所依赖的那些输入或信息提供得太晚或不充分。
- 这个人来自本单位的其他部门，而在原先的部门里，该工作不算很重要，因此没有得到他应有的重视。
- 没有与实现目标相挂钩的**奖励和认可**措施。
- 没有制定针对工作的**项目度量指标**。

正视问题

如果有可能，要亲自会见这个人并讨论有关问题。再次确认他对实现目标的承诺，一起回顾一下预期的成果、时间和其他具体要求。说明没有履行承诺的后果，在私下指出这会对个别团队成员造成什么样的影响。

要讨论问题的原因。首先让你的团队成员用自己的话来谈谈问题原因。要深究根源，而不仅仅是找一些表面的托词。

研究可能的解决方法，同样，首先要这个人自己提出建议。解决方法要有的放矢，通过培训、**教练和辅导**等**建设团队**的措施来弥补技能方面的不足；通过求得外部帮助，来纠正没有按时提供的输入；解决超出了自己控制范围的资源短缺问题等。应当在你的团队成员有机会说出自己的解决方法之后，再提出自己的建议。

就下一步的行动达成共识

从提出的解决方法中选出一个方法（或至少能减轻这个问题的影响），并把这个方法记录下来。

取得这个人的同意，并让他承诺今后的行动，还要表示你相信他能说到做到。修订影响目标的细节之处，在必要时，还要更新你的计划。要把可能对项目产生影响的行为融入**问题管理**工作。对于那些签订了承包合同的团队成员，还要将解决方法作为**控制采购**工作的一部分。

实施和跟踪检查

对目标的实现情况进行跟踪。

对于某个人取得的改进成果，通过向他（及他的经理，如果你不是他的经理的话）致谢来清楚地表达你的认可。

如果问题依然如故，那就再次约见他。倘若几个回合下来仍然毫无起色，就要考虑采用其他方法来满足你的项目要求了，或者，作为最后一招，请求项目发起人来帮助你解决（或**将问题上报**）。

项目沟通管理的技巧

46

演讲

> **内容**：系统地总结并正式地提供项目信息。
> **阶段**：在整个项目期间。
> **结果**：让大家了解项目的进展、成就、问题和今后计划等情况。

确定

自己要搞清楚演讲的目的。说明你召开**会议**的目的及必须要做报告的原因。需要做报告的一些原因包括：做**项目评审**的总结；**将问题上报**；在**项目的生命周期**转换点布置下一阶段的工作；其他需要报告的事项等。

要确定谁应当出席该报告会，以及项目中的哪些事情是他们最关心的。要记下他们最希望处理的事情和问题。向他们发出邀请，并确认他们能够出席。

将你的演讲安排在一个对与会者都方便的时间。确定你在演讲中打算如何呈现信息，可以使用幻灯片、招贴画/图标、网络共享文件、现场材料等。要预定一个会议地点（对于分散在外地的人员，则要准备好网络和远程会议的设施）。

准备工作

为你的报告设定一个议程表，包括前言部分、覆盖所有议题的具体内容，以及用于提问、讨论和总结的时间等。在一开始，要告诉与会者你打算说些什么，然后发表具体谈话，最后再对你的报告做一个小结。

要把你提供的项目信息按照逻辑顺序组织起来。如果这些信息既繁多，又复杂，就要对其进行分析，可以使用曲线图、表格、项目符号列表等方法对信息进行分门别类地概括。需要注意的是，这种列表和报告的幻灯片要简单，最多给出4～5个简洁明了的要点，并且使用较大的字号。为了给报告增加趣味，可以使用相关的图画、照片，但不要使用剪贴画或分散注意力的卡通片，以免喧宾夺主，"淹没"了你要报告的信息。如果你的报告涉及一些复杂的信息，可以事先准备一些辅助材料在会上分发。

要为你的报告编写一个适合的开场白来吸引大家的注意力。在会议一开始，首先要考虑的是，如何通过讲一个幽默的故事或提出一个发人深省的问题来"打破坚冰"。

要对你的报告多加审校，改正错误，修订表达含糊的文字等。为报告准备的幻灯片不用太多，每五分钟一张即可，尽量使报告的时间不要太长。要至少预留10分钟的时间用于有关报告内容的提问和讨论。

如果你需要各种标签、黄色不干胶标签纸、纸张或其他文具，要事先准备好，或者确保在会议场所已经配备你所需要的一切。

排练

应当提前演练一下你的报告。要能够顺畅地表达报告的内容，以此来支持你的论述。在进行解释和转换议题时，不要一字一句地照本宣科。如果你准备了一份讲稿，只能将它作为一份提示材料。在演练时，神态要自然，用你平时说话的那种方式来表达你要报告的信息就可以了。

要了解别人对你的肢体语言的看法。你讲话的方式、姿势和态度都会传达出很多信息。要努力保持一种积极和友好的举止，并且让你的目光始终与与会者保持接触。如果你打算在报告过程中证明某个东西或做出复杂的举动，要多加练习，直到你能下意识地、自然而然地做出为止，不要给人留下刻意为之的印象。

根据你获得的反馈意见，对你的报告做出调整。

做报告

你应当稍微早到会场一会儿，然后准时开会。当大家都到会后，要表示欢迎，并感谢大家能出席会议。在做完开场白后，你要再核对一下议程表。

在报告过程中，要自信和高效，在适当时候可以暂停一下，让大家提问题。在做报告时，可以来回走动，时不时地变换你的姿势和语气，要尽力避免让人产生千篇一律、单调枯燥的感觉。即使你在外地做报告，也要微笑，因为人们能从你的声音里听出来。可以每隔几分钟就提出一个与报告有关联的问题，以吸引大家的注意力。对于与会者说的话或提出的问题要耐心聆听，千万不可冷言相讥。应当使用小幽默和有事实根据的材料来使会议恢复秩序。

在报告结束时，要对报告做一个小结。要把会议中提出的问题及有待解决的事情都记录下来，并且承诺尽快予以回复。最后，要感谢大家能出席会议，而且请一定要准时闭会。

项目整合管理的技巧

47

将问题上报

> **内容**：把处理一些决策、问题、事件或冲突的责任交给上级。
> **阶段**：在整个项目期间。
> **结果**：及时处理那些妨碍项目开展的问题（这些问题已超出了你的控制范围）。

建立问题上报的程序

要制定一个将问题上报的程序，该程序应当与你们单位的管理方针、预期的项目需求，以及**项目的基本框架**相一致。要明确在什么时候才可以使用这个程序，并且要说明由谁、在什么时间范围内来负责处理这些上报的问题。应当用清晰的语言把这个程序文档化。

要在**项目启动**阶段就确认你有将问题上报的权利，并且要从**项目的发起**人、关键的相关方，以及其他可能与解决上报问题有关的人员那里获得他们对该程序的明确承诺。要定期再次确认相关人员对该程序的承诺，尤其是在**项目评审**期间。

把问题上报作为最后的手段

首先要尽量用其他方法来解决问题，例如：

- **问题管理**方法。
- **创新解决问题**的方法。

133

- 工作绩效问题解决方案。
- 冲突解决方案。
- 无职权的影响力。
- 决策方法。
- 约束条件管理和优化计划。

假如，尽管你的团队已经全力以赴，也依然无法解决一个问题，那就要为此问题草拟一份书面的说明，其中包含你们采用的所有方法所得到的结果。

应当简要说明一下解决该问题的可能替代方案，以供上级领导者参考，哪怕你对其中的某些领导者并不"感冒"。

要尽可能地将这些替代解决方案的成本及其他后果进行量化。还要对不能迅速解决该问题可能带来的后果进行量化。在必要时，准备开展**磋商项目变更问题**的工作。

应当向项目的发起人（或你单位里其他有决策权的人）提供这些信息。要确定回复的时间，并且从决策人那里得到明确的承诺。

如果必须得到及时的回答，请盯住不放，多加催促。

实施解决方案

执行上级做出的决策，可以通过**整体变更控制**来处理项目的重大问题。尽你所能来降低负面影响和成本，并通过**管理相关方参与**来沟通有关情况。在必要时，要采取措施修补受到损害的关系。如果解决上报的问题导致必须对**项目的目标和优先级**做出改变，那就要重新审议**项目基准的设定**了。

在你的项目报告中，要把这些上报的问题作为一项活动内容进行跟踪，并且明确此跟踪工作应当由决策者承担。应当持续跟踪，直到问题得到解决。如果发生延误，要把情况上报，并且明确指出应当由谁负责。

项目质量管理的技巧

48

过程改进

> 内容：找出处理重复性工作的方法，并设法实施有益的改进。
> 阶段：在整个项目期间。
> 结果：获得更高效能和更高效率的工作方法。

计划

找出那些绩效不佳的工作过程（例如，可以通过**问题管理**、**项目偏差分析**、**控制质量**、**质量保证**、**项目报告**、**项目评审**或从已经结束的项目中吸取教训等工作来发现）。一一列出这些工作过程的问题和缺点。与你的团队成员，或者与其他受此工作影响的人员一起讨论该情况。可以通过**为你的想法建立共识**的做法来获得人们对改进工作过程的支持。

把所有改进工作过程的工作都当作项目，将这项改进工作的**责任赋予**一个主办人。要制订计划，确定此工作所需要的时间、人员和其他资源。确定一个截止日期，并对改进目标进行量化说明。要落实**项目的发起人**及他对所承担工作的承诺。

记录该工作过程的基准

使用系统流程图，或者通过对现有的标准工作步骤（Standard of Procedure，SOP）进行详细描述来说明这个"现状"（as-is）过程。列出这个过程所需要的输入条件和输出结果，以及引发执行该过程的环境。可以使用**因果分析法**来找出当前工作过程出现问题的根本原因。

通过访谈、**收集状态情况**、**项目度量指标**分析、观察及趋势分析等手段，收集有关当前工作过程的数据。记下当前工作过程的测评基准，并针对该基准来验证你的量化改进目标。

选择变更方案

分析原来的工作过程，为新的工作过程制定各种选项，例如：
- 检查这个工作过程，看看它是稍微增加了一些工作量，还是对工作没有任何价值。
- 找出该工作过程中那些不必要的，或者对于工作来说决策太晚了的决策和分支部分。
- 找到能够减少或消除重复性工作的机会。
- 考虑对重复出现的工作步骤进行自动化处理。
- 对输入条件和工作步骤进行精简，以减少工作量或复杂性。
- 想办法来减少或消除工作过程中的重复现象。
- 找出办法，以增加工作过程的灵活性。

列出你找出的各种选项，并挑出最有希望的那一个。对经过变更后的"将来"（to-be）过程进行说明。

将这个新的工作过程提交给相关方，请求批准以开展工作过程的更新过程。可以采用**整体变更控制**的一些做法来实现。

实施

使用系统流程图或文字描述的方法将新的 SOP 形成文件。编写必要的参考文件、培训或其他支持性材料。为所有受影响的人员编写一份清楚的说明，介绍新工作过程的好处和目标。

通过采用有效的**组织变革**方法来推行新的工作过程，让这个新过程投入使用。

对结果进行测评

要对实施新工作过程的结果进行测评,并且将其与原先工作过程的基准,以及你的改进目标进行比较。如果改进目标得以实现,并且没有发生不想看到的重大不良后果,就将该结果通知大家,并结束该项目。

已进行的变更也可能没达到你的目标,或者新的工作过程产生了不良的后果,如果这样,就恢复原来的工作过程,通过另外的变更来修正其不足之处,或者再发起一个新的工作过程来改进项目。

项目采购管理的技巧

49

结束采购

> **内容**：在外包工作结束时，对成功的结果进行核实，完成有关文件并结束该合同。
> **阶段**：在项目执行或项目收尾期间。
> **结果**：接收合同规定的所有可交付成果，对最终的单据进行付款，结束合同。

核实完成情况

在完成合同所规定的工作时，要对**控制采购**工作进行复核，并将合同的执行结果与合同的要求（及任何双方同意的变更）进行比较。要通过项目的**范围确认**工作来检查每项具体要求是否都令人满意地实现了。

与供应商合作来解决重大的遗留问题或工作偏差，以便成功地实现所有的合同要求。如果供应商无法完成合同的某些部分，就要决定如何使用合同中的付款、惩罚条款或其他方式来进行处理。

如果因为**项目被取消**或其他原因导致需要提前终止合同，可以运用合同中规定的终止条款进行处理。将所有已经完成的工作都记录在案，并决定如何处理财务问题，以及如何应对其他因为提前终止合同所造成的后果。

完成最后的付款

对合同条款和以往的付款情况进行复核。要按照合同规定的所有剩余债务的付款义务，批准并及时对最终的单据进行付款。

结束合同

对供应商的表现进行评价，并且将其记录下来以供总结经验教训之用。特别要注意的是，如果结束该合同规定的工作大大早于**项目取消**时间，这种记录则要更全面和更完整。

所有与该合同有关的沟通文件、财务报告、项目状态与其他项目信息、合同变更的过程及其他有关文件，都要存入项目管理信息系统，以作为今后类似项目的参考。

项目采购管理的技巧

50

实施采购

> **内容**：确定并使用外包项目工作的程序，建立有合同约束的承诺。
> **阶段**：在项目启动和项目规划期间。
> **结果**：满意地签署符合项目要求的合同。

规范招标程序

对于大多数外包工作来说，首要的工作就是，对潜在供应商提交的材料进行评估。无论你把这些材料叫作建议、标书、报价或采用其他称谓，你都必须根据你的期望对他们提供的信息进行仔细的比对。

要对你的**规划成本**进行管理，并对来自外包工作的**规划采购**中的工作说明书（SOW）进行审核。包括绩效或度量要求、接收和测试标准、接口的具体要求、遵循的标准、截止日期、重要的约束条件及其他关键的信息等。

将所有你要求的信息形成一份招标文件，要尽量做到清晰和具体。其中包括对以下问题的要求：

- 建议的解决方案的各种细节。
- 所有的费用和价格信息。
- 提交的日期。
- 需要配备的人员和所需的专门知识。
- 设备和设施的能力（如果有关联的话）。
- 相关的经验和证明材料。

要为**决策**设定一个目标。落实对供应商的选择标准，如成本、经验和声誉等。按照重要性的优先级对决策标准进行排列，并在已提交的建议中，就评估方法的每个标准进行量化说明。

要明确，由谁来评估这些建议，以及由谁做最后的决策。将评估过程形成文件，并取得决策者的支持以实施这个评估程序。

编写建议邀请书

收集潜在供应商所需的所有信息，编写一份全面的"建议邀请书"（Request for Proposal，RFP）。该文件的其他名称还有："招标书""报价邀请函"等。不管用的是什么名称，其中都包括以下内容：

- 提交建议的到期日，以及有关决策的时间安排。
- 一份与项目**定义的范围**和项目时间相一致的工作说明书。
- 完成建议所需要的具体信息。
- 联系信息，以便咨询问题和进行有关沟通。
- 做报告、举行投标人大会或其他会议（如果有的话）的信息。

在编写"建议邀请书"的过程中，要充分利用现有的指南、程序、格式或其他可用的参考资料。在完成该文件前，要请单位里具有法律、采购、人力资源、购买等专业知识的人员，或者其他对工作外包有经验的专家对该文件进行审核，以确保该文件符合本单位的要求和规定。

找出潜在的供应商并分发建议邀请书

寻找那些可能对你的工作感兴趣，并且具备相应实力的供应商。审阅在册的供应商，从中找出有成功经验的公司。列出一份可能响应招标的公司名录，如果你知道这些公司里某个人的名字，也要把他列入其中。

将你的"建议邀请书"分发给你列出的潜在供应商。在理想情况下，你应当分发足够的份数，以确保有三家或三家以上的公司会做出回应。在供应商接到你的"建议邀请书"和他们提交建议书的截止日期之间，应当留有足够的时间，以便他们能充分地研究作答。当你收到他们的建议书后，应当予以确认。

处理投标的程序

要多进行沟通。应当鼓励投标方提出问题，对于"建议邀请书"中不清楚的地方要进行澄清。要迅速回答所有的询问，并将这些问题和你的回答分发给所有潜在的投标人。要在投标截止日前大约一个星期，向每个潜在的投标人发出提醒书。

一旦收到投标方的建议书，你要立即检查其是否完整，然后正式通知投标人你收到了他们的建议书。如果投标人的建议书未按时到达，要决定如何处理它们，并将情况通知投标人。

将收到的建议书一一登记在案。对每份都要仔细审核，检查其是否完整并且符合"建议邀请书"中所提出的要求。如果有必要，可以让投标人提供其他说明材料，或者对标书中有瑕疵的部分做出澄清。筛掉那些无法满足"建议邀请书"中最低要求的建议书。如果你没有收到足够数量的建议书（理想情况是，收到三份或更多），就要考虑下一步如何进行。可能的选择包括：

- 对已经收到的建议书进行评估。
- 延长投标时间，以吸引更多的供应商参加投标。
- 决定不再将该项工作外包出去。

对建议书进行评估，与参与最终夺标者接触

如果你收到的建议书很多，要尽快逐一浏览，从中挑出最可靠的3~6家。

要对投标方的资质进行仔细考查，并对其建议书中提供的以往工作例证进行评估。要根据建议书本身的质量来判断其好坏，并留意投标方对投标工作的态度。要记下每个投标方在沟通过程中给你留下的印象。

应使用系统的决策方法来对这些建议书进行排序，并对每份已提交的建议书进行全面的分析。要确定每个投标方在多大程度上符合你制定的评估标准，并以此来好中选优。

在做出最后的决定前，应当邀请每个候选投标方与你见面，至少要和对方中的一个人一起讨论其建议书的各项细节，而这个人今后将参与建议书所规定的工

作。通过这种讨论，你可以评估今后能否与他们建立有效的工作关系，并且确认投标方是否充分了解他们所要完成的工作。

谈判并签署合同

挑出最符合要求的投标方，并通过邀请对方参加谈判和签订具有法律约束力的协议来确定你最终的选择。

所谓**合同谈判**（或其他协议谈判），其实质就是确定符合项目要求的条款和条件。其中包括有关合同修改和可能提前终止的程序。在必要时，还应当包括基于对方绩效的奖惩条款。只要符合你单位的标准，应尽量使用现成的格式合同，因为这样可以简化和缩短批准程序。

对合同的审核工作包括制定一份明确的工作说明书，该说明书规定了所有的里程碑和度量指标，同时还包括明确的变更管理程序。如果合同没有规定一个固定的价格，而只是设定了一个"不得超过"的限额，那就要对合同重新审核，以防止成本失控。

在签署任何合同前，要对其条款和条件进行全面的讨论，以确保所有各方对合同的措辞都有清楚和一致的理解。最后，签署合同并使其生效。应将该合同置于**控制采购**工作的监管之下。

项目采购管理的技巧

51

控制采购

> **内容**：根据已有的合同，处理外包工作及与供应商的关系。
> **阶段**：在项目执行期间。
> **结果**：双方开诚布公地沟通；供应商及时提交合格的产品；处理合同变更问题；迅速向供应商付款。

处理关系

要为每个供应商指派一个合同联系人，而与该供应商的关系应当早在谈判**实施采购**时就建立起来了。这个联系人可以由你自己来担任，也可以通过**赋予责任**让团队里的某个人来担任。该联系人最初的任务是，与对方就初步的合同进行全面的讨论，以确保大家对合同条款都充分了解。此外，在履行合同期间，他还将负责处理日常的项目**管理沟通**工作；处理付款事项；处理合同变更问题；对问题进行跟踪；解决其他与合同有关的问题。

在合同有了变更或对方人员发生变化后，要定期地对合同条款和条件进行复核。

要设法提高负责外包工作的人员的**积极性**。要通过感谢他们的工作，或者称赞他们取得的好成绩来表彰他们。应当尽量把联系人的工作指派给与这项外包工作有切身关系的人员，并且要明确其责任。

沟通工作

对于外包工作，必须缜密地**收集状态情况**。应当要求供应商每周至少提供一次书面的合同执行情况报告。要寻找核实工作进展的方法，例如，参与检查、现场巡视、中期测试及其他检查方法。另外，一个常用的办法是，安排一系列规定好的、具有明确提交条件的里程碑，特别是对于新供应商来说，这一点尤其重要。要将所有与供应商的正式沟通记录存放在你的项目档案中。

除了就工作进展情况进行沟通外，还要和供应商每月至少安排一次小结性的讨论会，最好是面对面的讨论会。**非正式沟通**也是十分必要的，要保持沟通渠道的畅通，要努力维护彼此信任和友好的工作关系。

考评工作情况和对服务进行付款

根据最终合同的有关条款，以及工作说明书所确定的标准，对所有中期和最终提交的产品进行评估，在你的项目报告中，应包含合同工作情况的内容。

要密切关注任何与合同要求有所背离的地方，如时间要求、精确性问题、质量问题等。要与供应商一起研究，有效地通过**问题管理**来解决这些问题，或者至少将其对项目的影响降到最低限度。当出现问题时，重点在于修正或解决问题，而不要一味地责备和抱怨。一旦发现问题超出了你的控制范围，应当迅速地**将问题上报**。

要确保合同所规定的全部付款都基于成功实现了相应的里程碑，或者提交了令人满意的成果。要把处理付款中出现的问题作为总的**控制成本**工作的一部分。如果因为供应商的过失或其他问题导致发生扣减付款的情况，应当把该情况记录在案，通过引用相关的合同条款来支持你的扣减，并与供应商沟通。

处理合同变更问题

可以依据合同中有关变更的成文条款，以及你的**整体变更控制**方法，来处理所有的变更问题。合同变更的代价常常是高昂的，并且会产生其他不希望看到的后果，因此要尽量避免变更合同。如果必要的变更超出了合同条款的规定，或者超出了财务限额，就要对合同进行修订，并且需要双方再次签字予以确认。双方也可以重新开始**合同谈判**，用一个新合同来取代旧合同。

项目采购管理的技巧

52

规划采购

> 内容：确定是否可以以及如何将项目工作进行外包。
> 阶段：在项目启动和项目规划期间。
> 结果：对成本和收益的分析；一份规范的工作说明书；恰当的采购决策。

审议项目信息

在项目**工作分解结构**中找出那些与外包工作有关的活动。审议**对所需技能的分析**、**职责分析**及**规划人力资源**管理，以此来考察你的团队是否存在技能缺口，或者项目的某些部分存在资源不足的问题。

在考虑将某些项目工作承包出去前，回顾一下项目采购管理的程序。你需要先熟悉所有能够获得的有关项目采购管理的专业知识。识别所有应当参与该工作的人员、你需要的其他资源、所有的表格、必需的批准和沟通过程等事项。

确定是自己做，还是外包

应当对以下与外包项目活动可能有关的问题进行评估：

- 与交给内部员工完成相比，将这些工作外包出去是否花费更多？
- 该项工作是否涉及知识产权、保密等问题，或者与哪些竞争优势有关？
- 在足够精确地确定所希望的交付条件，以避免产生综合性问题方面，是否存在什么困难？

- 这项工作是否与你的某项核心能力有关?
- 更改项目的规格参数是否已经不大可能了?
- 在你的项目团队中,是否有一个这样的人,他有时间也有能力来处理招标、签订合同的工作,在以后担任联络员监管该外包工作,并能批准付款?

搞清楚工作外包可能带来的好处:

- 获得其他无法获得的技能和专业知识。
- 通过增加并行推进的工作,来加快项目的实施。
- 可以使用某些专用设备或其他能力,而这些东西在本项目结束后便不再需要了。

还要考虑把工作外包出去的风险:

- 外包出去的工作可能涉及需要使用新技术和新方法,而在这种情况下,外包工作或许会打击员工的**积极性**,从而干扰**建设团队**的工作。
- 难以事先觉察可能发生的延误和麻烦。
- 承包单位的员工流失,可能导致工作延误,以及在"学习曲线"问题上支付更多的费用。
- 沟通困难和彼此误解等问题是屡见不鲜的
- 不严密的早期计划和变更规范会带来严重的后果。
- 在寻找和评估供应商方面,所花费的时间可能远远超过你原先的估计。
- 在为必要的后续工作再次寻找承包商方面,可能是十分困难的,而且代价高昂。
- 选择报价最低的供应商可能产生质量问题。
- 存在可能暴露本单位机密信息的问题。

要对这些问题、好处、风险、可能的成本及其他因素进行全面权衡。是否将项目工作外包取决于正确的商业标准和良好的**决策**。要避免主要因为缺乏可用的人手而把项目工作外包出去的做法。

形成工作文件

对于打算外包出去的所有项目活动,都要编制一份全面的工作说明书,其中包括：详细的性能参数、交付的条件与验收标准、交付的时间及其他有关要求。要确保该工作说明书与项目所**定义的范围**保持一致。同时，还要对你预期的费用做一个大概的估算，并且将这些外包计划融入你的**规划成本**。

要考虑签订一个什么样的合同（如固定价格的合同，或者固定时间和材料的合同），还要明确你打算如何选择合同类型，以及需要多少家公司来参与投标。要制订一份采购管理计划（该计划应符合你们单位的常规做法），并对你使用的采购决策标准进行归纳整理。最后要考虑的是，为了处理这些外包工作，你需要花费多少时间和人力。

取得批准

将你的工作说明书、支持性商业数据及采购计划等进行汇总，上报给项目发起人。做好充分的准备，用详尽的数据来支持你上报的材料。在获得批准后，就可以着手准备**实施采购**的工作，对于预期的费用，还要取得相关方的认可。

要主动与那些将要参与此项工作的合同谈判专家、法律专家、人力资源专家、采购专家等取得联系，争取他们承诺能对你的工作予以支持。

项目整合管理的技巧

53

项目基准的设定

> **内容**：依据详尽的项目信息，提交一份项目计划。
> **阶段**：在项目规划和项目执行期间。
> **结果**：凭借实事求是的项目预期、截止日期和预算，为项目的跟踪和控制打下坚实的基础。

审核项目计划和目标

设定项目基准是**制订项目管理计划**工作中具有决定性意义的部分。

汇总你的项目计划文件，核实你的计划是否是全面的、实事求是的、能达到预期结果的。检查你的计划是否有疏忽、过分乐观或其他缺陷之处。将计划所要求的工作月数与以往类似项目所耗费的工作量进行比较，如果比较的结果表明你的计划过于乐观，那就要调整你的估算值和计划。

在时间、预算、人员配备及其他设定的目标等方面，找出你的计划与最初规定的**项目的目标和优先级**之间的不符之处。假如你目前的计划无法实现某些重要的目标，就要通过**约束条件管理和优化计划**来对这些目标进行修正。

如果在经过优化后，你得到的最佳计划依然无法实现某些关键的项目目标，那就要准备几套计划方案，以确保能够实现项目最优先考虑的目标。

准备工作

将计划中的各种资料汇总起来上报给项目发起人，包括计划实施要则、资源和成本分析、进度安排、风险计划，以及其他有关信息。提供过多的计划信息，常常会让人顾此失彼、不得要领，这不利于决策，所以可以将一些细节数据单拿出来，主要作为参考资料。

如果在设定基准之前，**磋商项目变更问题**，就要凭借可靠的信息为必要的修改进行论证，还要借助成功的商业论证，提出两个或多个现实可行的项目建议。

确认能由你召开一次会议来讨论你的计划，要有足够的时间，与你的**项目的发起人**一起总结当前的情况，请求他同意你的计划。在会议前，可以邀请团队中的一两个成员，就你的**演讲/发言**一同排练一下，鼓励他们对你的演讲/发言提出批评和意见。在制订出计划后，你就是该项目的最有发言权的人士，因此一定要多次排练，直到你确信演讲让人信服、言之有理。要努力改进你的演讲/发言，为该项目充分发挥你的长处，运用你的知识和经验、你的背景和技能，并洋溢你的热情和干劲。

设定基准

会见你的项目发起人，并提供你的项目材料。

在必要时，可以通过以事实为根据的商谈，以及**为你的想法建立共识**的方法来修订项目目标。要尽量说服项目发起人和相关方支持一项有意义的、符合每个人利益的，并且是现实可行的项目。

在提出项目计划后，还要就提交条件、资源要求、截止日期，以及所有其他与计划有关的问题达成一致。要对计划进行验证，并且要确认，项目达成的最终目标无论是对于项目发起人，还是对于你的项目团队都是可接受的。要确认能够得到相关方的支持，并把你的基准用于**管理相关方参与**的工作。

在你的项目计划中，将设定的基准记录在案。然后：

- 公布项目文件的最终版本。
- 规划沟通，并且对文件的分发及项目团队如何使用这些文件（如果可能，可以通过网络）做出安排。
- 将这些基准数据存入用于项目管理的软件和技术工具，并**收集状态情况**。
- 冻结所有的参数，执行**整体变更控制**和**范围变更控制**。

管理项目基准

将项目基准用于**项目计划的执行**过程。建立**收集状态情况**（有关项目基准）的程序，并且将此作为**管理沟通**、**项目偏差分析**，以及编写项目报告的基础。

在没有经过变更控制程序的情况下，不要改变该基准，同时要密切注意在项目实施过程中对基准进行修改的情况。

要在**项目评审**过程中，将该基准与实际的结果进行比较，并且在**项目取消**时，利用这个比较结果来分析得到的教训。

通用管理的技巧

54
项目章程

> **内容**：为正式启动一个项目制定高层级的说明书
> **阶段**：在项目启动期间确定，并且在整个项目规划和项目执行期间都要用到它。
> **结果**：一份用来指导制订计划、确定人员配备和控制工作的参考文件。

项目章程是一份格式化的信息集合，它作为项目启动工作的一部分，是在**项目启动**阶段或其后不久收集而成的。由于项目千差万别，该文件也可以冠之以下名称（或被融入其中）：

- 项目最终文件。
- 工作说明书。
- 在册计划。
- 项目数据表。
- 项目设想文件。
- 建议书。
- 参考规格说明书。
- 项目发布计划。

不管这个项目说明文件用什么名称，最重要的是它要被写出来以形成书面文件。

收集各种输入

审阅各种项目的发起资料，包括商业需要、问题表述或有关开展该项目的其他缘由等。将希望的结果与目标、约束与前提条件、初步的项目员工信息等汇总起来。记下与该项目有关的商业标准和本单位的要求。

制定项目章程

项目章程首先由项目发起人提出。对于由项目发起人提供的项目章程，要对其信息逐一进行审核，并且确认你理解了这些信息。

项目章程的具体内容各有不同，但大多数都包含以下内容：

- **项目的目标和优先级**，包括可以测量的成功标准。
- 高层级的项目**范围定义**，说明所有期望的可交付成果。
- 对期望的用户和客户的说明。
- **识别相关方**的结果。
- 该项目的商业论证（收益或**投资回报率分析**）。
- 粗略的估算成本。
- 目标里程碑和截止日期。
- 项目的领导者和初步的人员情况。
- 已经查明的依赖关系。
- **项目的生命周期**和方法论需求。
- 关键的约束条件和前提条件。
- 已了解的问题和高层级的风险。

形成文件并进行分发

与项目发起人一起核实该项目章程的内容，用它记录期望达到的成果，并**管理相关方参与**。如果该项目是为外单位或客户所创建的，则可以在**合同谈判**过程中使用它，以确保所有签订的正式协议都与你的项目章程一致。

将该项目章程加入项目信息档案，并以书面形式把它提供给项目团队和相关方。如果能把该项目章程放到网上就更好了，但如果项目章程是纸质的，就要为在每次修订后如何更新和取代旧的项目章程设定一个程序。

可以将该项目章程作为**收集要求**、**制订项目管理计划**及**项目评审**等的基础性文件。

通用管理的技巧

55

项目的基本框架

> **内容**：为项目规划和开展控制工作建立一个框架。
> **阶段**：在项目启动期间确定，并且在整个项目期间都要用到它。
> **结果**：以文件形式确定各项决策内容，以此来确保制订周密的项目计划并有效地执行项目。

列出关键的决策

项目决策的基本框架为项目规划、执行和控制提供了一个基础。决策框架的文件阐明了项目将如何开展。制订这个框架计划的时间不等，可以从几小时到几天，这取决于项目的大小。

在每个项目的一开始，首先要从考察**项目启动**信息着手，以此来制订框架计划。应当及早开始制订这个决策框架，到了项目中期再改变这个框架就很困难了。

需要创建一个决策框架表。对于这个表，可以仿照表 55-1 中给出的各种示例问题，也可仿照你以前的项目来确定，或者采用你单位所使用的现成模板。根据你自己项目的具体情况，可以增加、删除或改变其中的某些条目。

要考虑你最近完成的项目所遇到的各种难题、挑战和事件，包括那些可能给项目带来麻烦的问题。

表 55-1　决策框架表示例

做出项目启动的决策
- 本项目的**发起**是清晰和有良好基础的吗？本项目的商业目的是什么？
- 如何制定本项目的**项目章程**？由谁来编写它？由谁来批准它？
- 你将如何确定本项目的初步**范围定义**？
- 你将如何确保**识别**出本项目的**相关方**？
- 你将如何完成**获取团队**的工作？需要如何来**建设团队**？
- 是否需要外包工作？如果有，你将如何处理**规划采购**问题？
- **规划沟通**管理中需要包含哪些内容？我们需要使用哪些沟通设备和工具？
- 我们将如何实施**整体变更控制**工作？
- 我们将使用什么方法来进行团队**决策**？
- 我们将如何进行**问题管理**？
- 对于**将问题上报**，我们使用什么标准？
- 我们将如何进行**冲突解决**？

做出项目规划的决策
- 我们将采用哪种**项目的生命周期**？我们需要做任何变更吗？
- 我们将使用哪些标准和方法论？
- 本项目有哪些主要的核查点、重复循环时间点、阶段退出点、阶段—关口或里程碑？对于这些关键点，都需要什么样的交付条件？
- 对于**项目启动研讨会**，有哪些议程和时间安排？
- 对于**制订项目管理计划**，我们将使用何种方法？
- 除了本项目的领导者，还有谁将参与**规划范围**、**规划进度**、**规划人力资源**、**规划成本**及整体计划？
- 在项目管理中，我们将使用哪些用于**项目管理的软件和技术工具**？需要对员工进行培训吗？
- 提交项目计划的条件是什么？
- 在**识别风险**和评估方面，我们将使用什么方法？
- 如果需要将工作外包，我们将如何处理**实施采购**问题？
- 我们将跟踪哪些计划所规定的、具有警示意义的**项目度量指标**？
- 我们将如何根据整体项目计划来进行**项目基准**的设定？
- 我们将如何处理项目**范围变更控制**及其他项目变更问题？谁有批准项目变更的权力？
- 在根据修改后的项目目标设定新的项目基准之前，与原先的计划相比，我们能接受多大程度的偏差？
- 我们将把项目计划和其他文件存放在何处？我们将如何解决项目管理信息系统（PMIS）的安全性问题？
- 如果我们的项目有**多个依赖的项目**，我们将如何识别、记录和协调这些依赖关系和接口？

做出项目执行和监督的决策
- 总的来说，我们将如何处理**项目计划的执行**问题？
- 我们将在何时、何地举行项目会议？**虚拟团队**将如何参加会议？
- 在**管理沟通**方面我们将使用什么方法？在**沟通控制**方面我们将使用什么方法？
- 我们将如何**收集状态情况**？收集的频次是多少？

(续表)

- 由谁根据**项目偏差分析**的结果来评估项目的进展情况？
- 由谁来编写项目绩效报告？编写的次数是多少？
- 由谁来接收项目状态报告？如何接收？
- 根据什么标准判定需要例外的报告？由谁接收这些报告？
- 由谁来存档，并管理项目管理信息系统（PMIS）中的文件？
- 我们将如何**管理相关方参与**？
- 我们将如何**监控风险**？
- 我们将如何鼓励与项目团队，以及在项目团队成员之间开展非**正式沟通**？对于社交媒体，我们应当采用哪些指导原则？
- 如果有外包工作，我们将如何确保做好**控制采购**工作？
- 我们将如何处理团队成员的**绩效问题**？
- 我们将在何时进行**项目评审**工作？都有哪些人参加？
- 在决定**项目取消**时，应当使用哪些标准？

做出项目收尾的决策

- 在**项目取消**时，需要哪些人的签字同意，以及哪些相关方的批准？
- 我们将如何完成有关试验和**确认范围**的工作？
- 需要提交什么样的项目后报告？由谁接收该报告？
- 在什么时候召开会议，来研讨吸取项目教训的问题？都有哪些人参加？
- 对于外包工作，我们将如何完成**控制采购**工作的**收尾**？
- 我们将如何与项目团队一起庆祝项目的完工？
- 为了确保所有参与本项目的员工和团队都能得到感谢及适当的**奖励和认可**，我们需要做些什么？

解决问题和记录决策

请再次审议一下你的决策框架，根据需要添加问题，或者取消那些看起来不需要处理的问题，然后将该框架分发给你的团队。

你可以通过书面形式，也可以通过召开会议来征求大家的意见。要考虑和讨论所有的建议，以求对每个问题都取得一致意见。

将你的决策和关键的前提条件记录在案，将这些决策一览表发给团队成员和其他相关方。运用这些决策来管理你的项目。

在项目变更后，以及在项目评审期间，在必要时你应对这个框架进行更断。

项目整合管理的技巧

56

项目启动

> **内容**：获得正式的许可以开始一个项目。
> **阶段**：在项目启动和项目早期规划期间。
> **结果**：清楚的项目目标文件，任命项目领导者和初步的员工。

选择项目

当感知的需求或机会导致组织打算采取行动时，**项目就出现了**。你必须搞清楚为什么一家公司正在考虑这个特定的项目。项目的提出有各种各样的原因，其中包括：

- 为了解决某个当前的问题。
- 为了回应某种要求。
- 为了满足（或创造）市场需求。
- 为了符合已改变的法律要求或标准。
- 为了改进工作方法或降低成本。
- 为了采用先进技术或开展基础研究。
- 为了寻求商业战略或机会。

这个过程正是对贯穿本书的许多其他过程的一个总概括。图 56-1 显示了一些项目在启动过程会如何相互关联。由于所有的项目各不相同，因此，也会有一些其他可能性。

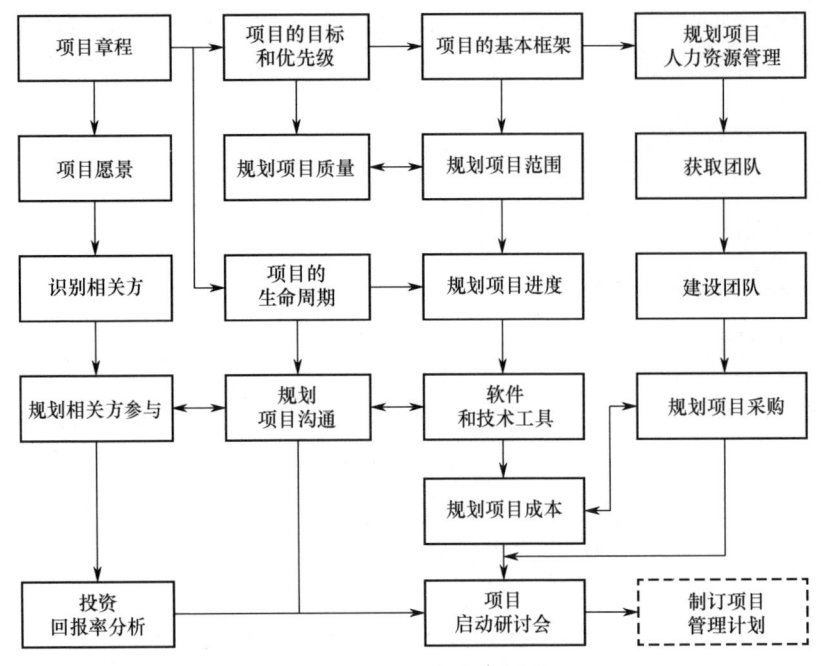

图 56-1　项目启动流程图

记录文件

起草一份初步的**项目章程**，内容包括：
- 关于本项目的总体商业论证。
- **项目的目标和优先级**，包括高层级的项目交付条件说明，以及时间和成本目标。
- **项目的生命周期**和方法论需求。
- **收集需求**（初步的）。
- 相关的约束条件和前提条件。
- 有关**识别相关方**的信息。

要确定实施该项目所期望得到的价值，并且说明为什么这个项目会有所不同，由此开始设定该**项目愿景**。

要对项目的收益和成本进行粗略的估算。起草一份初步的项目范围说明书，并阐述主要的交付条件。对于每项规定的交付条件，确定所需的时间，并记录其体现的预期价值。尽管早期的**投资回报率分析**可能是不精确的，但它对项目的商业论证来说常常是核心要素。记录已知的项目约束条件，并且对可能的人手配备和其他项目成本进行粗略的评估。

审核高层级可行性报告的结论，或者起草一份这样的报告，以验证将要交付的项目是现实可行的。

调配初步的资源及准备制订计划

确保资金、设备和其他资源到位，至少准备好**规划范围**和其他计划所需要的资源。确定项目的领导者，**规划人力资源**和**获取核心团队**，为项目正式调配团队成员。为了准备制订全面的项目计划，要创建一份可靠的**项目的基本框架**，以及选择要使用的**用于项目管理的软件和技术工具**，通过安排和举办**项目启动研讨会**来完成项目启动工作。

通用管理的技巧

57

项目的生命周期

> **内容**：创建并使用一个设计好的、通用的工作程序来加强对项目的监督。
> **阶段**：在项目启动期间确定，并且在整个项目规划和项目执行期间都要用到。
> **结果**：强化对项目的控制；与相关项目进行协调。

确定生命周期的要求

即使是那些小型的、非正式的项目，也都有一些标志工作流程的关键里程碑事件，这些里程碑事件体现了一种简单的生命周期。项目管理协会（Project Management Institute）给出的 PMBOK®过程组（启动、规划、执行、监控、收尾）可以看作一种常用的高层级的生命周期，如图 57-1 所示。

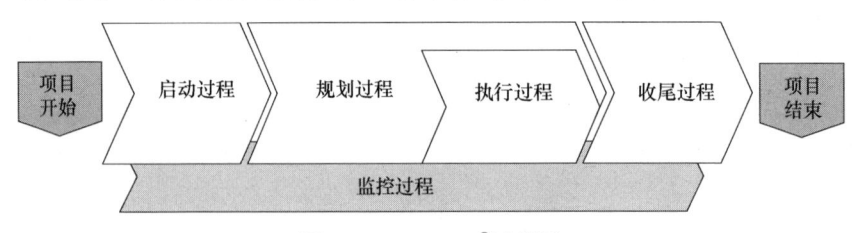

图 57-1 PMBOK®过程组

通常，那些更大且更复杂的项目将受益于正式定义的生命周期，该生命周期可以由一些按照线性顺序连接的阶段构成，也可以由一些循环重复的阶段构成。对于一个特定的项目来说，决定其生命周期属于何种类型的因素有很多，其中包括：本单位的要求；所采用的具体项目方法；是否需要在项目内部进行协调；项目的各种细节等。

关于生命周期的决策通常出现在项目启动阶段，该决策属于**项目的基本框架**的一部分，并且记录在**项目章程**中。

项目的生命周期与产品的生命周期密切相关，它们并行发展，常常具有共同的工作描述和决策点。一般而言，产品的生命周期要延伸到**项目取消**之后，在项目生命周期结束后，产品的生命周期还包括"维修""报废"等阶段。

使用顺序阶段生命周期

在一个单位里，当大多数项目只包括一些简单且可预见的工作过程时，这些项目的生命周期多半就是由一些按照线性的、明确的阶段构成的。整个项目工作则由一个将项目的初步概念直至最终可交付成果逐一连接而成的序列构成。使用这种生命周期的项目通过被称为里程碑的决策点（也叫作阶段审核点、环节门或其他类似名称）来逐步推进。由于这个过程是从一个阶段到下一个阶段逐步开展的，因此常常被称作"瀑布型"（waterfall）生命周期。这类生命周期至少有几百个不同的变种，但初始阶段的重点是思考，中间阶段是实施，而最后阶段是测试和交付。

对于所有的顺序生命周期来说，一个里程碑或决策点通常涉及对是否要继续进行项目，或者如何调配充足的资源等问题做出决策。对于单位内部的项目，这个决策一般要在对前一阶段的工作进行分析、可行性研究和制订计划之后做出。这种商业决策将导致**项目基准的设定**。图 57-2 给出的是有关产品开发、信息技术和基础设施等项目的一个典型的"瀑布型"项目生命周期示例。

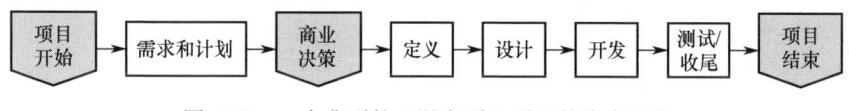

项目开始 → 需求和计划 → 商业决策 → 定义 → 设计 → 开发 → 测试/收尾 → 项目结束

图 57-2　一个典型的"瀑布型"项目的生命周期

相应的产品生命周期则要延伸下去，后面还包括质量担保、支持和退出等阶段。

对于由其他单位承担的项目，通常都建立在付费服务的基础上，所以一般都有更多的初期工作要做，如接受投标、**合同谈判**等。图 57-3 给出的是有关建筑、解决方案和付费服务等项目的生命周期示例。

相应的可交付成果的生命周期则要延伸下去，后面还包括质量担保、维护和退出等阶段。

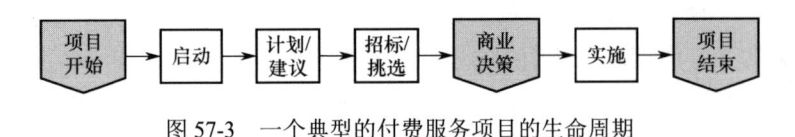

图 57-3　一个典型的付费服务项目的生命周期

使用循环阶段生命周期

在处理那些与以前的工作大不一样的项目时，采用一种逐步循环推进的方法或许更为恰当。对于一些小型的软件开发项目，以及那些难以一时搞清楚用户需求的项目，最好的办法是，增量交付所需的功能，然后通过征求用户反馈意见，来确保最终交付的产品被用户接受并满足其需求。尽管与"瀑布型"项目相比，这些"敏捷"项目可能需要花费更多的管理费用，然而面对全新的情况，采取这种小步前进的方法可能是唯一合理的选择。

这种螺旋型、循环型或渐进型的项目，采用的就是循环阶段生命周期。图 57-4 给出的就是其中之一。

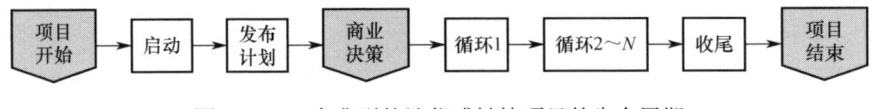

图 57-4　一个典型的迭代或敏捷项目的生命周期

其产品的生命周期通常会延伸到项目结束之后，其后还包括产品维护等循环阶段。

定制并使用生命周期

对于每个生命周期阶段或迭代过程的转换点，都要考虑具体的决策和可交付成果，以及其他有助于你对项目加强控制的措施。对于你的项目而言，如果某些规定的生命周期需求是不必要的，那就进行修改，或者在可行的情况下，干脆放弃该生命周期。

应当把项目生命周期的可交付成果与项目的**工作分解结构**合并起来，以确保在**制订项目管理计划**期间与项目生命周期保持一致。如果你的项目是一个具有**多个依赖的项目**的项目集中的一部分，可以通过生命周期决策和对项目里程碑的审核工作，来使你的项目与其他项目保持同步。

在**项目计划实施**的整个期间，都应当自始至终通过使用项目生命周期来强化对项目的监控。

项目整合管理的技巧

58

项目度量指标

> 内容：定义和使用一套相互关联的项目度量指标。
> 阶段：在项目规划和项目执行期间。
> 结果：鼓励期望的行为；用作考核工作进展和绩效的客观度量指标；及时采取行动。

记录期望的行为和结果

在决定用什么来对项目进行度量前，先要确定你希望有什么样的行为。因为度量会影响到行为，所以要明确规定你期望的结果，并以此来对度量指标进行选择。

有三类度量指标：预计性的、诊断性的和追溯性的。在通常情况下，一个有效的度量指标系统应很好地兼顾这三类度量指标。

- 预计性度量指标通过分析来提供对未来状况的预测。大多数预计性项目度量指标都是基于对**制订项目管理计划**的估算和分析得到的。
- 诊断性度量指标提供了有关**项目计划的执行**的当前情况。在**收集状态情况**的基础上，它们被用来进行**项目偏差分析**、**管理沟通**和编写项目报告等。
- 追溯性度量指标用于在某项工作完成后对其绩效进行考核。许多追溯性项目度量指标和预计性度量指标是一样的。对于从**过程改进**和项目完成后评估中所获得的教训，追溯性度量指标是必不可少的。

可以根据你自己对项目的分析或下面的列表，为你的项目选择适当的度量指标。

确定预计性度量指标

对于更深刻地理解工作和项目的比较来说，预计性度量指标是极其有用的。这些度量指标有助于**整体变更控制**，以及在必要时**磋商项目变更问题**。在项目规划期间，这些预计性项目度量指标的重要性显得格外突出，同时，在整个项目期间，它们对于**预测项目完成情况**也是很有用的。

有关项目进度的预计性度量指标包括：

- **估算活动持续时间**。
- 项目的持续时间（日历时间）。
- 累计进度的**定量风险分析**。

为了评估对项目的投资，要确定有关资源的预计性度量指标，例如：

- **估算活动资源**。
- **估算成本**。
- 完工预算。
- 员工最大使用量和其他员工的统计数字。
- 累计资源和成本的定量风险分析。

在进行各项估算时，有关项目范围的预计性度量指标是很有用的：

- 项目的复杂性（接口、算法评估、技术分析等）。
- 基于项目规模的可交付成果分析（组件的数量、重要可交付成果的数量、非注释代码的行数、方框图中的子系统等）。
- 预计发生范围变更的数量。

用于项目工作的其他预计性度量指标还有：

- **投资回报率分析**和财务预测情况。
- 已确定的风险数量和严重程度。

确定诊断性度量指标

在整个项目期间，针对项目的整体健康情况，你需要收集问题并沟通有关情况。这些度量指标关注的是，如何迅速检测出是否出现了任何负面的偏差情况，并在问题尚处于萌芽状态时就将其清晰揭示出来。

有关项目进度的诊断性度量指标包括：

- 关键路径中的活动被延误了。
- 由于项目工作积压，导致进度延误。
- 增加的活动数量。
- 活动结束指数（到目前为止已经结束的活动数量与预期结束的活动数量之比）。

有关资源的诊断性度量指标包括：

- 过度消耗的人力投入或资金。
- 完工时的估算值。
- 用于**挣值管理**的所有度量指标。
- 计划外的加班数量。

与项目可交付成果有关的项目范围的诊断性度量指标包括：

- 测试、检验及抽查的结果。
- 经过批准的项目范围变更的数量和幅度。

值得跟踪的其他诊断性度量指标还有：

- 在进行**项目基准的设定**后增加的风险。
- 事件、风险和难题的统计情况。
- 沟通方面的度量指标，如**会议**、音频电子邮件和视频电子邮件的数量。

确定追溯性度量指标

追溯性度量指标关注的是过去的情况，许多这类度量指标都是在项目或一个工作阶段结束后才进行评估。这些度量指标对于长期的**过程改进**最有用处。这些回顾性的考核工作是事后获取经验教训的重要部分。

一些有关进度的追溯性度量指标包括：
- 实际发生的工作持续时间，以及对原先估算精度的评估。
- 计划外增加的活动数量。
- 对于标准化的项目活动，预期估算的执行情况。

有关资源的追溯性度量指标包括：
- 实际的预算执行情况。
- 总的项目工作量，以及对原先估算精度的评估。
- **项目生命周期**阶段的工作量百分比。
- 当项目出现缺陷后，进行修正所需要的工作量。
- 员工流失率。
- 在出差、沟通、设备、工作外包，以及其他支出方面出现的偏差。

与开发过程有关的项目范围的追溯性度量指标：
- 项目可交付成果的实际"规模"（组件的数量、非注释代码的行数、系统接口等）。
- 已接受的项目范围变更的数量。
- 缺陷的数量。
- 与**项目的目标和优先级**相比较，项目最终结果的绩效如何。

值得考虑的其他追溯性度量指标还有：
- 项目所遇到的风险数量。
- 被跟踪和解决的项目问题。

选择一套综合性度量指标

项目是一个复杂的系统，因此，仅仅依靠一个或几个度量指标显然不足以对项目进行监控。但是太多的度量指标也是我们不希望的，因为"芝麻"太多反而会丢掉了"西瓜"。我们应当设法确定一套最精简的度量指标，以便对项目提供全面且平衡的考核。

在选择度量指标时，要努力做到：
- 客观性。在使用这些度量指标后，由不同的人来评估，能得到相似的结果。

- 易获取性。那些难以收集到数据的度量指标可能不值得用来评估。
- 清晰性。这些度量指标可通过明确的收集方法得到，并且使用统一的度量单位。
- 频率。对这些度量指标的评估次数应当足以支持你需要的结果，同时又不会耗费过多的管理费用。
- 重要性。这些度量指标是有意义的，应当被使用。
- 力度。把这些度量指标合在一起能够产生所希望的绩效结果（仅评估速度或精确度或许会导致不希望的行为，但是把它们组合在一起，它们就能产生一个相对平衡的结果。）
- 侥幸性。应将那些能够改善考核工作，但无法实现预期结果的因素减少到最低限度。

在度量指标数据表中识别并清楚地记录每个项目度量指标，包括以下信息：该度量指标的名称、希望达到的目的、所需要的数据、测量单位、考核的频率、收集数据的方法、所使用的公式、目标度量指标的可接受范围，以及由谁来进行考核等。

设定度量基准

在使用这些度量指标前，应当收集有关数据来确定正常值的范围。

可以通过使用制订计划过程中的数据来为预计性项目度量指标建立基准。而对于预计性度量指标的验证，则通过参考过去类似项目的追溯性度量指标来完成。例如，可以将**估算活动持续时间**值与过去某个类似项目的实际活动时间进行比较。

诊断性度量指标对于项目的实施和**沟通控制**都至关重要。大多数诊断数据都来自项目自身的绩效。对于新的诊断性度量指标，首先你可以参考制订计划过程中的数据，或者依据可靠的经验进行推测，然后再根据头几次循环过程中收集到的数据来确认其基准。对于诊断性度量指标，你需要提出以下几个问题：

- 这些状态信息是可靠和可信的吗？
- 负面偏差的后果是什么？
- 在项目偏差分析过程中发现的问题是长期的，还是一次性的？

- 从正面的偏差中,可以得出哪些能对项目工作进行改善的方法?

至于追溯性度量指标的基准,它通常是利用以往项目的历史情况和对趋势的评估来确定的。追溯性度量指标用于事后的回顾,所以往往在**项目取消**或项目收尾阶段进行评估。这些度量指标对于长期的过程改进,以及提高今后项目的预计性度量指标的精确性最为有用。

使用度量指标系统

度量指标可推动行为的产生,因此,选择恰当的度量指标进行考核,对于提高员工的**积极性**及改进项目工作都具有重大的意义。正如惠普公司(Hewlett-Packard)的创始人比尔·休利特一直强调的那样:"只有事情能够得到测量,事情才能做好。"

要通过收集项目数据来支持项目的**决策**、信息的分发及项目绩效报告的编写。项目度量指标还能为项目的控制工作提供基础。每当发生重大的项目变更后,都要对考核基准和每个度量指标的可接受范围进行重新审定。

在整个项目期间,都要使考核结果广为人知。应当将这些结果用于**问题管理**,并对**整体变更控制**工作进行分析。通过传达和使用这些度量指标来确保**监督相关方参与**的工作得以持续开展。

最后,一定要注意的是,所有收集到的度量指标主要应用于工作的监督和改进,而不是用于对人员进行惩罚。如果这些度量指标被用来批评人员或把人分为三六九等,或者用来作为**项目取消**的一个理由,那么,这些度量指标不过是一些无用的数据,必将产生不切合实际的结果。

通用管理的技巧

59

项目的目标和优先级

> **内容**：一份有关期望的项目可交付成果、时间和投资的简短及高层级的描述，包括对相关项目优先级的明确定义。
> **阶段**：在项目启动期间确定，并且在整个项目期间都要用到。
> **结果**：一份能对项目期望目标进行清晰、毫不含糊的表述，并得到项目发起人的确认，它将成为评估项目变更和进行决策的明确基础。

草拟项目目标

项目的初步目标应当建立在**项目启动**时的数据和资料的基础上。项目目标（或使命）是一个对该项目的简单而短小的说明。项目目标的起草人通常就是该项目的领导者，随后，项目领导者再利用项目团队提供的资料进行编写。在某些情况下，项目发起人、客户或其他项目相关方也可起草项目目标。

如图 59-1 所示，项目目标规定了可交付成果（范围）、截止日期（进度）及总投资（成本）。一个好的目标表述，其篇幅在 25 个字左右，要简洁地表达项目的要点。行文优秀的目标表述应当避免使用行话、缩略词、俚语或其他容易引起误解的词语。在描述可交付成果时，应当使用所有相关方都能理解的通俗用语。在必要时，要把它翻译成其他语言，请在分发前核实翻译文本。对于时间，要使用日期、月份（应当用月份的单词而不是数字来表述）和年份。在说明资源时，要使用明确的货币术语，要毫不含糊地说明其工作量。

59 项目的目标和优先级

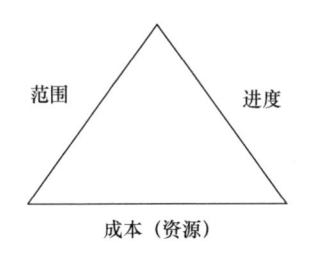

图 59-1 项目目标的三个主要参数

这里有一个例子："我相信，我们国家应当在接下来的十年里，实现将一个人送上月球并让他安全地返回地球……在 1962 财政年度花费 5.31 亿美元。"（美国前总统约翰·F. 肯尼迪，1961 年）

确定优先级

请回顾一下在项目启动阶段找出的项目假设条件和约束条件。要搞清项目目标的理由和存在约束条件的原因，并且记录无法实现目标会有什么样的后果。如果有必要，还应当和项目发起人及相关方一起收集有关这些项目目标和约束条件的更多信息。

对于大多数项目而言，所有三个参数——范围、进度和成本都是重要的。确定优先级则能让项目团队确定在这三个参数中的哪一个最为重要。这些优先顺序能够支持**定义范围、决策、约束条件管理和优化计划、磋商项目变更问题**及**整体变更控制**等工作。

通过把小的变更与要达到的项目目标进行比较，来考虑如何兼顾项目范围、进度和成本。如果将预定的截止日期延迟一个星期，或者将项目预算增加 5%，哪一个更糟糕些？去掉一个可交付成果，或者增加项目团队的人手，哪一个更好些？稍微延长一点项目时间，以便提交一个更优良的产品，是可取的吗？在项目实施之后，常常会出现这类问题，但是及早考虑它们会更加有利。

在探索小变更的成本、进度和适当性时，优先级的相对性就表现出来了。可以使用一个 3×3 的矩阵（见图 59-2）来表示这些优先级。在每一行中放一个标记，用来表示哪一个参数是受约束的（灵活性最低），哪一个是乐观的（有一定程度的灵活性），以及这三个参数中哪一个是可以接受的（灵活性最高）。

173

	进度	范围	成本
受约束的 （灵活性最低）	●		
乐观的 （有一定程度的灵活性）			●
可以接受的 （灵活性最高）		●	

图 59-2　项目的优先级矩阵

考虑每种可能的选择（有六种），然后在团队中进行讨论，以求就优先级取得一致看法。

对项目的目标和优先级进行确认

在继续**定义范围**和制订其他项目计划之前，要和你的项目发起人一起确认项目的目标和优先级。要和项目发起人及其他相关方讨论你的目标表述，看看其中是否存在误解。要设法厘清各个细节，并检查一下译文，这样，你就能够在开始项目工作之前，识别某些遗漏或误解。这个项目目标只不过是对最初设想目标的再次表述而已，它并非是一成不变的承诺，所以要确保这个确认仅仅体现了对项目目标的共同认可。

还要和你的项目发起人一起审议优先级矩阵，并依据发起人的反馈做出必要的调整。对于某些项目，或许必须对三个参数中的至少两个达成一致意见，但是。要想对所有三个参数都进行限制，则是不现实的，特别是在**制订项目管理计划**之前更是如此。要努力达成一致，并清楚地记录最低优先级的参数。在**管理相关方参与**期间，可以用你得到的优先级来确定你希望达到的结果。

记录并使用项目的目标和优先级

与你的项目团队一起确定项目的目标和优先级，并将其记录为**项目章程**的一部分。将项目的目标和优先级添加至项目文件，并在项目**会议**和**管理沟通**工作中进行运用。

通过项目的目标和优先级来建立**项目愿景**，进行**项目的基本框架**决策，以及为规划项目管理提供基础。要使项目的目标和优先级处于**决策**和**范围变更控制**工作的核心位置。

定期检查项目的目标和优先级

要始终让项目的目标和优先级处于最新状态。如果项目发生了变更，要重新评估项目的目标和约束条件，以确保它们依然是恰当的。在企业重组后，以及在**项目评审**期间，都要对项目的目标和优先级进行重新回顾。一旦项目的目标和优先级发生了改变，就要重新确定它们，并更新你的项目文件。

通用管理的技巧

60

项目办公室

> **内容**：对于一组相互关联的项目，指派专门的人员来整合关键项目的管理职责。
> **阶段**：在大型项目的整个实施期间。
> **结果**：对相互关联的项目执行统一的工作监管和报告制度，使管理费用降到最低，并提高项目成功的可能性。

理由

组建一个有能力的、人员配备齐全的项目办公室（也叫作规划办公室、项目管理优化中心、项目支持团队或其他类似名称）具有多方面的好处，例如：

- 集中选择用于**项目管理的**高端**软件和技术工具**，从而可以在培训和设备配置方面避免重复投资。
- 改进跨项目的资源计划和控制工作。
- 能对分布式的**矩阵型团队**和**全球化团队**提供更好的支持。
- 通过对相似问题的统一处理，避免产生"太多的项目问题"。

项目办公室内的员工应履行的职责包括：

- 帮助新手项目经理进行**项目领导力**的转变，增进和提高他们在全单位范围内管理项目的技能和专业知识。
- 协助召开**项目启动研讨会**。

- 提供用于完善**制订项目管理计划**和**规划沟通**的标准。
- 为统一和有效地编制项目计划文件提供指导。
- 执行规划标准，并对其完整性进行审查。
- 集中管理**收集状态情况**、**管理沟通**、编写项目报告、**沟通控制**及**整体变更控制**等工作。
- 帮助开展**项目偏差分析**工作，并且对解决方案提出建议。
- 在**项目计划的执行**期间，收集和分析**项目度量指标**。
- 帮助处理**冲突解决**、**决策**、时间管理、规格、资源、人员配备及其他项目工作，并协助**将问题上报**。
- 对于**项目评审**和吸取教训等工作，制订计划，落实实施和规范报告制度，并协助完成**项目取消**工作。
- 协助进行外包工作的决策，以及**规划采购**、谈判**实施采购**和**控制采购**等工作。

项目办公室也有自身的成本问题，包括人员配备、沟通、设置、培训、设备及其他各种开支。

在成立项目办公室以组织**项目管理**工作之前，要确定有哪些功能和特殊任务需要它来完成，要仔细研究创建一个专门的项目支持团队的得失，在考虑其成本和管理费用的基础上，确定是否得大于失。

实施

要确定哪些工作由项目办公室来集中处理，并以此来估算人员配备。通过**对所需技能的分析**来决定项目办公室的成员所需具备的知识，并设法通过培训、雇用或其他措施来提高其技能水平。项目办公室的成员起码应当擅长以下各项工作：

- 规划项目管理。
- 提供项目沟通支持。
- **过程改进**。
- 对项目领导者进行**教练和辅导**。
- 管理**组织变革**。

通用管理的技巧

61

制订项目管理计划

> 内容：为项目工作制定一份详细的、自下而上的说明。
> 阶段：在项目规划和项目执行期间。
> 结果：为有效沟通打下基础，得到一份项目取得成功的路线图。

制订计划的准备工作

如同象棋棋手一样，好的项目经理能推演未来好几步"棋"。无论是交付整个项目，还是交付一次或多次迭代，都需要制订计划。这个过程从整体上概括了本书的其他许多过程。图 61-1 的流程图表明了某些制订计划的过程是如何相互联系的。然而，由于制订计划是一个迭代的过程，因此还存在许多其他各种可能性。

在制订计划的准备工作中，首先需要回顾**项目启动**信息、**项目的目标和优先级**，以及其他可以得到的文件，如**项目章程**等。可以利用**项目的生命周期**及**项目的基本框架**等文件来指导你的工作。

为了有效地编写和形成项目总计划文件，必须让你的核心团队参与制订计划的工作，也包括任何你需要的相关方。

制订计划

总的来看，制订计划始于**规划范围**，也就是应将重点放在预期的可交付成果上。通过**收集需求**和**定义范围**来记下预期的输出。利用这些信息来开展全面的**工作分解结构**工作，并以此作为其他计划工作自下而上的基础。

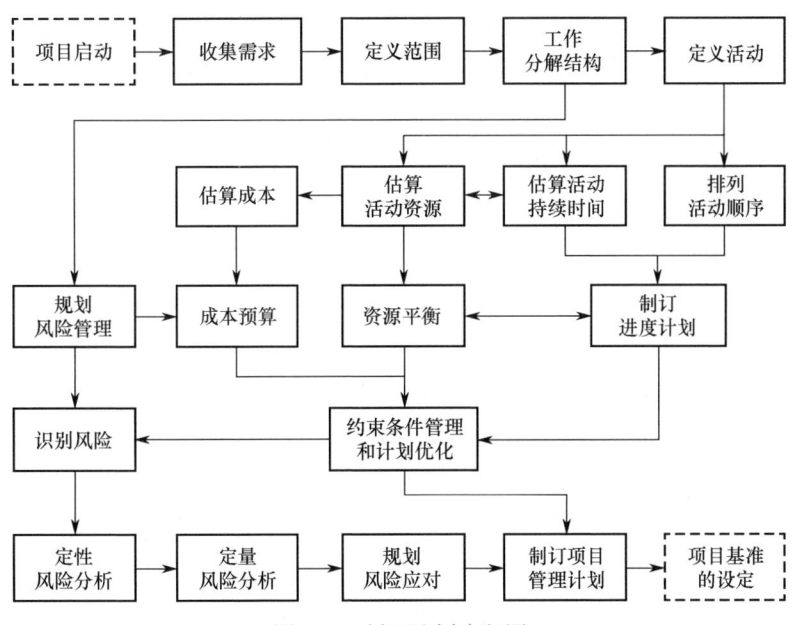

图 61-1　制订计划流程图

规划进度取决于对**定义活动**的确定（定义活动来源于工作分解结构），但这通常是下一步的事情。首先要做的是，对每项活动的**活动持续时间进行估算**，并**排列活动顺序**，以此为工作流程分析提供必要的信息。这两项工作并行开展，它们的输出被送到**制订进度计划**的环节，该工作通常可以借助用于**项目管理的软件和技术工具**。利用初步的规划进度，你可以创建甘特图、活动网络、关键路径分析和其他与时间有关的可交付成果。

随着项目时间表的形成，计划的重点就转向了确定资源和人员配备的**成本规划**上。活动资源分析使用的是工作分解结构的数据，以此来进行**对所需技能的分析和职责分析**工作，而这些分析的结果则用于**获取团队**。随后，你可以通过**估算活动资源**来对工作量进行分析，并进一步做出**估算成本**。将成本（建立在工作量的基础上）和持续时间（建立在可用性的基础上）的估算进行综合，就能根据资源负荷的情况对初步的进度安排进行细化，从而考虑如何进行**资源平衡**，并为**挣值管理**打下基础。接着，你就可以把估算成本值与其他资源数据和**规划风险管理**方案综合到一起，以得出初步的**成本预算**。

遗憾的是，这个自下而上的初步分析的结果很少能和自上而下的项目目标相吻合。为了能最大限度地与**项目的目标和优先级**相契合，可以采用"如果……则……"分析及**约束条件管理和优化计划法**，以探索初步计划中的平衡点。假如再次制订计划之后，依然无法得到一份令人满意的计划，就要编制几份尽可能接近项目目标的计划以供选择。

制订计划的最后部分是风险管理，它之所以在最后进行，是因为它依赖于所有其他方面的计划数据。在制订计划的整个过程中，**识别风险**是个好主意，因为你的分析会暴露出许多不确定性、工作热情的缺乏、可能的失败方式，以及其他各种问题。随着初步计划接近完成，可以通过**头脑风暴**来找出其他风险。采用**定性风险分析**法来对找出的风险按照严重程度进行排序，以此来指导风险管理的决策工作。再通过**定量风险分析**法来对最重大的风险进行评估，用来帮助你**规划风险应对**。要把风险防范措施融入你的计划，并且把你编写的风险应对计划形成文件。

如果你的项目需要外单位的帮助，那么，项目计划还要包含**规划采购**和谈判**实施采购**的工作。

制订计划的最后一步是，检查计划是否存在缺陷，如果有，就进行纠正。然后以适当的格式把所有计划的可交付成果都记录在案。

完成你的计划

如果已制订的最佳计划依然无法支持自上而下的目标，那就要使用替代计划来**磋商项目变更问题**。要与你的项目发起人一起确认该计划，并完成对**项目基准的设定**工作。

通用管理的技巧

62

项目计划的执行

> **内容：** 使用基准计划来实施和控制一个项目。
> **阶段：** 在项目执行期间。
> **结果：** 及早发现问题，得到精确和及时的项目工作报告，并实现有效的项目沟通。

项目监管的准备工作

这个过程对贯穿本书的其他许多过程进行了总的概括。图 62-1 的总流程图表明了某些过程是如何相互关联的。

项目的执行过程从**项目基准的设定**开始。一旦冻结了可交付成果的各种细节，并且你已经有了基准计划，那么，你就有了对项目进行跟踪和控制的基础。与项目团队一起回顾项目**范围变更控制**的步骤，然后用它来抵制不必要的变更。

对你的沟通方法进行细化，以满足团队、相关方和发起人的需要。记录**项目的基本框架**和**规划沟通**管理。根据对沟通、会议和报告制度的要求，开展并提交有关工作。

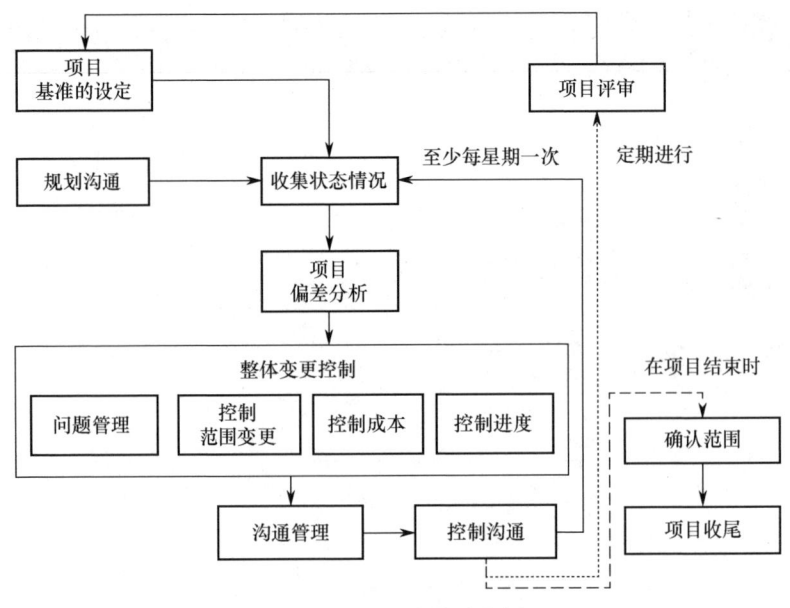

图 62-1 项目实施流程图

确定状态循环

对项目的监控依赖于四步循环法（对于大多数项目来说，每星期一次），该循环重复进行直到项目结束。

第一步是内部沟通，项目领导者要参加**收集状态情况**的工作。至少每星期要收集一次状态情况，在处理重大问题时，收集的次数还要增加。对于采用敏捷方法的项目来说，要每天都收集状态情况，这通常可以采用站会的方式来实现。

第二步是将情况数据与基准计划进行比较，并进行**项目偏差分析**。对这些数据的分析还涉及对诊断项目度量指标的评估，这些度量指标也包括**挣值管理和预测项目完成情况**中的那些**项目度量指标**。

第三步是对项目进行控制，这指的是对时间或资源问题进行处理，所用的方法是**整体变更控制**方法，如**控制成本**、**控制进度**及**范围变更控制**等。可以使用**问题管理**程序来跟踪那些出现一次以上的偏差，并解决它。对于那些超出你解决能力的偏差，可以通过**将问题上报**来寻求上级领导者的帮助。如果你的项目团队还包括外单位的人员，那么还要考虑**控制采购**问题。

第四步（最后一步）是对外沟通，也就是通知那些与本项目有关的人员。这涉及**管理沟通**和**沟通控制**等工作，这些工作包括编写报告、召开**会议**、存档信息及**演讲**等。应适当推迟大多数的对外沟通工作，直到你完成了偏差和问题的分析，并制订出了可靠的改进计划后，再附带必须提供的坏消息对外发布。对于所有的沟通工作，都必须强调已经取得的成就，并且表彰团队做出的贡献，以此来提高大家的**积极性**。

在每次循环的最后，都要把所有的情况、变更和其他项目报告存入项目信息管理系统。

审议项目

对于那些时间跨度超过半年的项目，都要考虑定期进行**项目评审**，以此来重新验证项目计划，并收集新信息。在必要时，要根据当下的现实情况，促成项目变更和确定新的项目基准。

对于那些使用敏捷方法的项目，一定要每隔几个星期，或者在每个发展迭代结束时对项目评审一次，以确定下一个循环的工作范围，并根据用户的反馈和其他信息对总计划做出调整。

结束项目

当项目完成时，要通过项目**范围确认**来正式接受你的可交付成果。准备一份最终的报告来通知与本项目有关的每个人。**项目取消**过程涉及一系列的工作，包括记录通过本项目所获得的经验教训，分析你使用的方法、结果和成绩等。还要考虑是否可能对你的工作方法进行**过程改进**，并且将你建议的变更付诸行动。

要感谢所有团队成员做出的贡献，通过**奖励和认可**制度来表彰那些绩效突出的团队成员。应当为你取得的成功召开庆祝会。

项目整合管理的技巧

63

项目评审

> **内容**：在耗时较长项目的执行期间，定期回顾项目计划、假设条件和约束条件。
> **阶段**：在项目执行期间。
> **结果**：反复确定项目目标，改进项目计划，重新调动起团队积极性。

为定期审议制订计划和日程安排

每个项目都各有千秋，要想提前好几个月就制订出一份精细的计划是十分困难的。项目种类不同，制订计划的范围也不同，但对于费时较长的项目来说，审慎的做法是每隔 3~6 个月对项目评审一次，以便对**制订项目管理计划**进行更新和调整。对于采用敏捷方法的项目，应在每次迭代结束时进行一次小型审议（通常为每隔几个星期进行一次）。

每星期一次的**收集状态情况**、编写项目报告以及**整体变更控制**等工作都是完全必要的，但对于长期项目而言，这些还不够。与有计划的预防性措施相比，项目评审具有同等意义。

在项目处于自然转换的阶段来进行项目评审是最有用的，这些阶段包括：

- 在**项目的生命周期**中的某个阶段、迭代或阶段完成时。
- 在大的里程碑和考核点。
- 在重大的项目变更后。
- 在项目团队成员增加或离开时。

- 在业务重组后。
- 在每季度财务结算时。

要提前做好审议计划，安排足够的时间（至少几小时），在你的议程表上应当包含以下内容：

- 表彰已取得的重要成就。
- 强化**管理团队**的工作，增进团队成员之间的信任和友好关系。
- 对**项目的目标和优先级**进行审议。
- 验证项目所**定义的范围**和所**收集**到的各项**需求**。
- 重新确定项目的约束条件和假设条件。
- 新定义的活动和识别风险。
- 修正**估算活动持续时间，排列活动顺序**。
- 重新对**估算活动资源**值和**估算成本**值进行评估。
- 审议**控制采购**的情况。
- 对**项目的基本框架**进行调整。
- 对项目的发展趋势和变化情况做出分析。
- 收集获得的教训，探索**过程改进**的机会。

确定需要出席审议工作的团队成员，并且选择一个大家都方便的时间。只要有可能，要亲自落实他们是否能出席**会议**。

从项目档案中收集所需要的信息，并对信息进行更新，例如，一些**市场调研**和**客户访谈**的结论或许已经过时了。

审议项目进展情况

项目评审工作应当从确定你的议程表开始。要对获得的教训进行讨论，但首先要指出工作中好的方面，以及取得的主要成果。

在审议会的余下部分，其重点应当放在新情况和项目可能发生的变更上。还要对将来的项目计划、假设条件、用户的需要变化和反馈、各种估算值，以及当前计划中所使用的其他已知信息进行研讨。

在审议期间，要把会议的决定和下一步采取的行动以书面的形式记录下来，并且把这些将要采取的行动写入**问题管理**日志。

在会议结束时，要讨论所有的建议、提议和决定。对于增加的项目活动和活动内容，要确定主办人和办结时间。还要确定一个日期，以便对所有受这次审议影响的文件进行更新。

实施各项建议及后续工作

将审议记录在案。总结会议的成果，并将该报告分发出去，主要分发给日常接受你项目情况报告的那些人员。更换已经被更新的项目计划和文件，将旧文件存档，并把它们标记为废弃。

在你的权力范围内实施已许可的建议。对于项目变更问题，可以采用**范围变更控制**和**整体变更控制**等方法，并且在实际允许的情况下尽快取得这些变更的批准。如果项目需要实行重大的方向性改变，可以依据你的数据来**磋商项目变更问题**；修改**项目基准的设定**或对项目范围进行调整，以适应今后的开发迭代或工作阶段。

在审议后，要准备一次**演讲**来总结项目当前的进展情况，并说明今后的计划。应当邀请相关方和来自相关项目的人员参与情况通报会，并将你的发言用于**管理相关方参与**的工作。要强调项目已取得的积极成果，以此来鼓励团队成员的**积极性**。

还应当把这种审议当作进行**奖励和认可**的机会。要对大家做出的贡献表示感谢，还可以考虑为项目团队安排一个活动来表彰已取得的成就。特别是对于那些耗时较长的项目，这样的聚会应当多举办几次。

项目整合管理的技巧

64

项目偏差分析

> 内容：找出项目基准计划与项目实际绩效之间的差距。
> 阶段：在项目执行期间。
> 结果：及早发现在项目执行过程中出现的问题和难点。

核实情况

对于**项目计划的执行**而言，对出现的偏差进行分析是首要的任务，这种分析通常在项目跟踪环节的**收集状态情况**工作之后进行。在对偏差进行分析之前，要核实收集到的情况和信息。要检查这些信息的完整性，以及是否与过去的数据、当前的其他情况和**项目度量指标**相一致。

确定偏差

应当将当前的具体情况与**项目基准的设定**中的各项指标进行比较。你需要注意所有的偏差，不管是有益的还是有害的。有益的偏差可以为加快项目的进展提供机会，而对于即使是很小的有害偏差，也要趁它们尚在可控之际尽快进行处理。要设法搞清楚任何变更、事件、问题和风险等对项目进度和预算的全面影响。

在一般情况下，进度偏差总是一目了然的。需要注意的是，所有工作的完成不是提前了，就是落后了。如果估计会有一系列活动将要推迟完成，那就要对总的延误情况做出预测。要搞清当前所有活动的偏差情况，不仅限于那些关键活动。

在评估资源偏差时，要注意资源估算值与实际发生值之间的差异。对于**挣值管理**工作来说，需要确定每次工作循环偏差分析的基准，并采用统一的方法，如"50/50"原则（假定估算成本的一半发生在活动的开始，而另一半则发生在活动的结束）。

还要注意其他偏差，如与项目范围有关的问题。

分析影响

对于每个偏差，都要确定它对项目的影响。对于有益的进度或预算偏差，要考虑其后的项目工作是否有可能也都被过高估计了。特别要注意的是，每个有害的偏差会对项目造成何种不良影响。可以通过**预测项目完成**工作中的状态数据来确定与基准之间的差异。

对于每个时间上的延误，要估计它对于项目里程碑和截止日期等进度造成的影响。即使是那些非关键性的活动，也要使用**因果分析法**来找出每个延误的根本原因。如果因为对某项活动的持续时间进行了过乐观的估计而产生延误，那么，类似关键活动的延误也会重复发生，从而导致整个项目的延期。

要确定每项资源偏差对总预算的影响。与进度偏差不同，所有的资源偏差都会对项目造成影响，对每项活动资源或成本的低估都将导致预算超标。即使在项目工作的早期，金钱或资源消耗过快也会成为财务问题的先兆，而一旦出现资源耗费超支的情况，再想纠正就很困难了。

对于与项目基准和目标之间的其他偏差，也要评估其对项目造成的全面影响。如果测试、可行性研究或其他工作的结果达不到预想的情况，就要确定它们可能对项目产生何种影响。重大的偏差会对项目造成以下后果：

- 无法满足项目范围的要求。
- 进度延误。
- 增加预算或其他资源要求。
- 对其他项目造成影响。

趋势分析

趋势分析并非一定要成为每次循环跟踪工作的一部分,但至少在**项目评审期间**,考察项目状态数据的变化趋势还是很有用处的。通过趋势分析,可以使我们提前发现预算、进度及其他问题。如果趋势分析表明需要**磋商项目变更问题**,如项目的结束日期、预算、人员配备或项目的可交付成果等,那就要及早予以处理。对必须做出的变更提出得越早,你获得支持和响应的可能性就越大。对变化趋势消极观望的时间过久,最终可能导致**项目取消**。

还要对偏差数据进行定期检查,以发现新的风险,并且通过**识别风险**工作来更新风险登记册。

记录发现的问题

要探究每个重大偏差的根本原因,并且将每个问题的根源和影响都记录下来,从而将其用于**控制进度、控制成本、范围变更控制、编写项目报告及工作绩效问题解决方案**等工作。

通用管理的技巧

65

项目愿景

> **内容：** 对本项目之所以重要做出明确和激励人心的表述。
> **阶段：** 在项目启动期间确定，并在整个项目期间都要用到。
> **结果：** 团队要持久保持对本项目的热情。

评估环境

考察当前的情况，应当收集以下信息：

- **项目的发起状况**。
- **项目启动的基础**。
- **项目的目标和优先级**。
- 项目的背景资料和希望它解决的特定问题。
- 来自**收集需求**和长期趋势的数据。
- 企业的总体战略和相关方的选择。
- 本单位的价值观。
- 项目团队的价值观。

起草项目愿景

召集团队成员一起起草项目愿景。尽管某些项目或许不需要这样的愿景，但是，为期望的未来情况撰写一份措辞得当的愿景表述，能够为**管理团队**和保持大家**积极性**提供一个良好的基础。建立一个共同的愿景，能够强化团队成员之间的亲密关系和信任感。

在成功地完成项目后（或者，如果你的项目是一个更大的项目集的一部分，那么在完成全部工作后），讨论一下未来将如何变得更好。需要考虑的是你自己、单位、用户或客户、项目的相关方等的未来图景。

编写一份对未来结果的生动描述，重点在于它所带来的收益，并说明它为什么对你和其他人都很重要。强调该项目将如何为未来做出贡献，并使用清晰的、吸引人的和富有感情的语句来展现一个壮观的景象。

要把目标牢记在心。以定性的表述来说明你为什么要实现这一期望。对于个别的目的和项目目标而言，度量指标是必须有的，但是有效的愿景能起到鼓舞士气的作用。最好的愿景总是简单、短小和易于记住的。

要在团队中对每个建议的愿景都进行斟酌：

- 它与项目团队的价值观一致吗？
- 它是否通过了"其中哪些表述与我有关"的测试？
- 该愿景具有挑战性吗，能够让一个团队共同以此感到自豪吗？
- 它既激动人心，又足够现实可行吗？
- 它让人难以忘怀吗？

下面是亨利·福特（Henry Ford）使用的愿景：

"（我们要制造）一种大众使用的汽车……它的价格如此之低，不会有人因为薪水不高而无法拥有它，人们可以和家人一起在上帝赐予的广阔无垠的大自然中陶醉于快乐的时光……当我们使之实现时，每个人都能买得起它，每个人都将拥有它。马会从我们的马路上消失，汽车理所当然地取代了它……（我们将会）给众多的人提供就业机会，而且报酬不菲。"

追随项目愿景

将项目愿景记录下来，并将其作为**会议**、**演讲**、**项目评审**和编写项目报告的一部分。要通过标语口号、网站或其他方式，让别人处处可以见到。

要经常提醒团队成员和相关方关注这个愿景，并将其用于**非正式沟通**。要表现出对愿景的热情，并不断强化它，直到大家把它看作是不容置疑的。项目之所以不成功，是因为人们漠视它；而项目成功的原因则在于人们都在乎它。

要通过运用愿景来克服各种障碍，处理各种变更并支持**决策**工作。要让**奖励和认可**与你的愿景协调一致。

项目风险管理的技巧

66
定性风险分析

> 内容：对已知的风险进行评估和排序。
> 阶段：在项目规划和项目执行期间。
> 结果：根据相应的出现概率和影响程度，研判最严重的项目风险。

评估已列出的风险

对于在**识别风险**工作中找出的每个风险，都要**规划风险**管理，而风险分析就要用到这些规划中所使用的方法。风险评估建立在对风险概率和风险影响的估算之上。定性风险分析指的是，将这两个因素综合考虑之后，对项目风险进行排序。而**定量风险分析**则指的是，对于那些在定性排序中所发现的重大项目风险，使用特定的数学方法对其后果进行更加精确的定量描述。

确定概率范围

风险事件出现的可能性或概率必须始终处在 0 和 1 之间。风险的定性评估使用的是 0 和 1 之间的某个概率值，通常用百分比来表示。

项目可以采用两个、三个或更多的评估范围，以求在较少（以便简化评估过程）和较多（以便提高评估精确度）之间取得平衡。使用三个范围常常能在更快地取得团队一致同意和基于严重程度对风险进行适当排序之间取得合理平衡，这

个方法使用的范围是高、中、低,其定义为:
- 高——概率为 50%或以上。
- 中——概率在 10%～50%。
- 低——概率为 10%或更低。

为了提高精确度,也可以使用更窄的相关百分比范围来确定其他的概率分类。

确定影响范围

风险的影响很难确定,这是因为这种影响可以用许多不同的维度来衡量。一个确定的风险会产生多方面的影响,例如,拖长了项目时间;增大了成本;需要更多的工作量;项目范围改变了;打击了团队的信心或**积极性**;降低了客户的信任度;造成了许多其他负面后果。至于概率,最小是 0,但是潜在影响的最大值则与具体的风险有关。对于定性风险分析来说,其影响范围通常依据风险后果的程度的类型。

尽管你可以制定出许多对风险影响进行分类的方法,但是对于大多数项目来说,恰当的定性分析通常使用三种范围,其典型的定义为:
- 高——项目的目标将会改变(范围、进度、资源,或者是它们之间的某种组合)。
- 中——项目的目标可以实现,但是需要重新制订计划。
- 低——项目的目标和计划不会发生重大改变。

进行评估

使用风险评估表。首先列出各种风险,并通过结合其出现概率和影响大小的评估,来为列出的每一个风险确定其总的风险程度。一种结合办法是直接把范围类型连在一起;另一种是对种类赋予某个数字(例如,对高、中、低分别赋予 9、3、1),然后将这些数字相乘。表 66-1 给出了这种风险评估的一个例子。

66 定性风险分析

表 66-1 风险评估表

风险	概率（高/中/低）	影响（高/中/低）	总风险
1. 专家太忙	中	高	高中
2. 组件迟到	中	中	中
3. 无法获得试验齿轮	低	低	低

定性分析的另一个方法是，将风险送入一个由二维网格组成的风险评估矩阵。在这种矩阵中，概率和影响的类型分别落在每个方格中，而越往右上，表示风险的严重程度越高。同样，也可以使用数字来表示各个类型，这可以根据你的项目自行确定，而且，这个风险评估矩阵也并非一定是正方形的。图 66-1 就是一个风险评估矩阵或"热图"（heat map）的例子，它显示了与表 66-1 同样的风险评估。

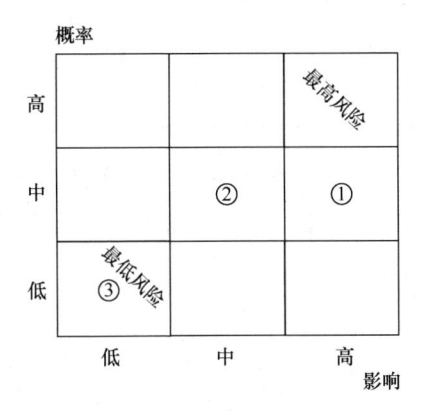

图 66-1 风险评估矩阵

将风险排序

通过风险的定性评估，将你在风险登记册上确定的各个风险按照风险等级进行排序，把最严重的潜在风险放在最上面，把最微不足道的小风险放在最下面。对于那些严重的风险要进行定量分析，并为其制定相应的**规划风险应对**。

通过已排序的列表来确定项目的总风险，并突出最严重风险的可能后果。

项目管理工具箱（第3版）

67

质量保证

> **内容**：根据量化的目标，对项目输出进行例行的跟踪。
> **阶段**：在项目执行和项目收尾期间。
> **结果**：迅速查明工作中的问题，修订工作方法。

对于项目工作来说，质量保证主要有两个目的：一是找出需要修正的工作方法，从而改进它；二是强化工作标准，以便把因使用不当方法造成的损失降至最低。

进行审计

要想使项目保持高质量，需要定期对工作过程进行复查。有些审计是**规划质量**管理所规定工作的一部分。有些审计则是由于以下工作所暴露的问题而引发的，这些工作包括：**项目偏差分析**、**控制质量**、**项目评审**，或者在**项目取消**阶段开展的吸取教训工作等。

一旦有了审计的必要性，质量审计工作首先要做的事情就是，列出项目进展过程中所暴露的全部问题，并努力调查和记录任何其他问题。如果**项目度量指标**超出了原先确定的范围（不管表现出来的是好的还是坏的偏差），则预示可能出现了方法上的问题。同时还要考虑如下情况，即虽然项目的工作结果是可以接受的，但是工作效率很低。应当与参与项目工作的团队成员进行访谈，一起找出那些看起来是低效和不当的方法。应当一一列出所有的问题和异常之处以供分析。

分析偏差

在进行分析时，要核实你的测量是有效的，以及正在开展的工作所使用的是恰当的方法。如果你觉察到自己的测量不准确，或者因为采用其他的工作方法而产生了问题，那就需要寻找**工作绩效问题解决方案**了。邀请有关人员一起讨论，确保他们承诺提供准确的数据并参与此项审计工作。

对于重大的方法问题，应当使用**问题管理**程序来跟踪解决过程，并使用**因果分析法**找出根本原因。要与你的项目团队和相关方一起，找出**过程改进**的方法。

如果问题影响了项目的范围，并且暂时无法解决，那就要准备**磋商项目变更问题**了，并且运用**范围变更控制**程序来处理具体指标的变更。通过分析，确定必要的改进和其他变更，并将有关情况和你建议采取的措施记录在案。

采取行动并跟踪结果

要想解决那些因为单位内部关系而引发的工作方法问题，可能需要进行大的变革，而这常常超出了你的职权范围。这时，运用"**无职权的影响力**"被证明是有作用的，然而在某些情况下，仍需要**将问题上报**。可以采用**管理相关方参与**的办法来取得必要的批准，以便对工作方法进行变革。应当把所有新的和更新后的工作方法记录在案，并将进行**组织变革**的原因通知所有受该变革影响的人。

使用**整体变更控制**程序来实施你建议的工作方法。

对新的或变革后的工作方法进行监督，了解其是否达到了预想的结果。如果结果不理想，或者引发了预料之外的问题，就要做进一步的分析，并且继续进行过程改进。

项目质量管理的技巧

68

控制质量

> **内容**：通过与计划和标准的比较，持续对项目进展情况进行监督。
> **阶段**：在整个项目期间。
> **结果**：迅速查明质量问题，并提交满意的项目成果。

收集和分析数据

控制质量的根据来自**规划质量**管理，而**项目基准的设定**之所以能支持控制质量工作，则是通过建立**项目度量指标**，以及确定将这些度量指标保持在可接受范围内的有效方法来实现的。

通过**收集状态情况**，以及收集来自测试、核对单和检查等方面的项目交付数据，来把项目当前的各种信息汇总。可以采用**项目偏差分析**来找出考察结果与项目所**定义的范围**之间的差异。

为了查明可交付成果的质量是否有问题，以及在项目进展中是否存在任何缺陷，统计学领域提供了许多方法，其中包括：

- 散布图。
- 直方图和样本分布。
- 趋势和控制界限分析。
- 帕累托图（Pareto chart）。

可使用这些技术来找出存在的问题，例如：

- 分析结果超出了可接受的范围。

- 分析结果显示存在变异性过大的情况。
- 分析结果显示存在值得怀疑的、非随机方式的变化。
- 分析结果表明存在不好的发展趋势。

计划

在处理质量问题时，可以通过**因果分析法**、访谈、讨论、检查和观察等方法找出问题的根源。可以使用**问题管理**来跟踪控制质量流程。对于重大的质量问题，或许还需要得到质量专家、统计测量及其他专业人士的帮助。

通过对质量问题的根源进行分析，就可以制定恰当的应对措施了。如果从事该项工作的人是造成问题的根源，那么，采用**工作绩效问题解决方案**就很有效了。如果因为前面的工作出现了纰漏，那么解决方案就是加强对上游工作的监管。其他出现问题的情况则可能要求对你使用的设备进行重新校准、更换或修理。如果工作方法本身出现了问题，可能就要通过**质量保证**或**过程改进**等程序对其进行审计，从而找出解决办法。

选出最有成功希望的方法，并将其记录下来。

执行

在必要时，要设法通过**范围变更控制**和**整体变更控制**来取得进行变革的批准。实施你选定的质量问题解决方案。一旦实施的变革超出了你的职权范围，就要**将问题上报**以求得帮助。

通过实施变革来处理控制质量的问题。

检查

对项目绩效进行监督，以验证你是否取得了期望的结果，并找出那些你不愿意看到的不良结果。

行动

假如老问题一成不变,或者又冒出了新问题,那就要重新审视你的控制质量工作了。如果你实施的变革适得其反,情况甚至变得比以前更糟糕了,那就立刻悬崖勒马,然后改弦更张另谋他法。

如果你倡议的变革富有成效,那就更新你的计划、工作步骤和其他相关文件。

将所有的变革措施通知受其影响的人,并且将你的工作成果融入**管理沟通**和**工作报告**。在必要时,要对测试和验收标准以及**确认范围**流程进行更新,并注意做好**监督相关方参与**的工作。

项目质量管理的技巧

69

规划质量

> **内容**：对于那些相关方重视的项目结果，规定其可测量的标准，并且确定如何实现这些标准。
>
> **阶段**：在项目启动和项目规划期间。
>
> **结果**：通过制订明确的计划，得到定量说明的项目标准和目标。

一般而言，项目的质量管理在很大程度上借用了生产和制造业中所用的那些方法，包括"六西格玛"（Six Sigma）法和全面质量管理（TQM）法。项目质量管理的主要目的是，确定和提交令人满意的项目可交付成果。因此，它与**规划范围**密切相关。

明确客户的需求

要想成功地**管理相关方（或客户）参与**，规划质量是其核心要素。采用**客户访谈、市场调研**及设定产品标杆等方法，以全面地**收集需求**。要设法对已发现的客户需求的价值进行量化，根据"客户的呼声"搞清楚为什么这些东西那么重要。

要确定实现这些需求的成本，并使用成本/效益分析法来决定其中哪些需求是最重要的。将这些需求按照优先级排序，并在项目可交付成果的各种参数中反映出那些最核心的需求。

记录各种参数

回顾一下你单位的质量方针、要求，以及相关的标准［如国际标准组织（ISO）所确立的标准或其他类似的标准］。从这些标准中收集必要的参数，将其融入最终的项目范围说明书，而该说明书是项目**范围定义**的一部分。

将确定下来的每项需求都进行量化，然后再依据这些参数，对**确认范围**工作中所要用到的验收测试和评估标准进行确定。要在项目开始时就把项目成果的验收标准确定下来，并在项目规划过程中获得有关相关方和客户的签字，以此表示对验收测试和评估标准予以认可。

建立质量计划

回顾一下你单位对缺陷或潜在问题的处理程序。可以采用工作流程图或图示法来找出**过程改进**的机会。要记住，质量是计划出来的，而不是检查出来的。要特别注意那些你在**识别风险**过程中无法解决的有缺陷的工作程序。

要把所有与质量有关的活动（如方法审计、测试和验收等工作）添加至项目的**工作分解结构**。在你定义活动内容和**制订进度计划**时，应清楚地包含所有的质量管理工作。在**估算成本**和**成本预算**中，把符合及不符合验证工作程序的那部分工作的成本都计入进去。要将你的质量计划形成文件，或者将其单独列出，或者将其作为**制订项目管理计划**工作的一部分。还要把所需要的核对单、手册，以及其他你需要的文件资料汇集到一起，以供随时取用。

你需要建立带有控制范围的**项目度量指标**，以便用它来评估项目的质量。

应当明确对**质量保证**（工作过程评估）和**控制质量**（工作结果评估）等承担具体责任的人员，并且要他们切实承担他们的工作。如果项目需要质量专家的参与，那么应当与他们一起审计你的项目，以确保他们了解并支持整个质量计划。

项目风险管理的技巧

70

定量风险分析

> **内容**：以数值来评估风险的严重程度。
> **阶段**：在项目规划和项目执行期间。
> **结果**：以绝对单位（如时间、成本或工作量）来预测风险影响的程度。

定量风险分析是项目**规划风险管理**中所规定的程序，通过**识别风险**过程来对已列出的风险进行分析。对于通过**定性风险分析**得出的，并且列在前几位的风险，应确定哪些风险值得进行更为精确的定量分析。定量分析需要付出更多的工作，但是它能对风险的概率及风险的影响程度得出具体的估算值。

把概率范围转化为估算值

与定性风险分析中所使用的范围不同，定量评估使用的是一个百分比数值，也就是0~100%的某个特定的百分数。有三种方法可用于估算概率。

（1）通过使用数学模型进行计算，从而得出一个预期值。
（2）通过对历史数据进行经验分析而得出。
（3）依据能得到的最好分析结果，选择其中的一个数值。

有些风险的情况十分简单，足以通过构建一个模型来进行分析。在少数情况下，有足够的数据就可以进行统计学上的预测。但是，由于许多项目是独一无二的，既复杂，又少见，因此第三个方法（也叫作猜测法）最为常用。正因为如此，风险的定量概率估算值很少像它们看起来的那样精确。

把定性影响范围转化为估算值

与定性分析所使用的影响范围值不同，在定量影响分析中，采用规定的单位给出一个数量估测值。对于某些风险来说，单点估算（single-point estimates）就足够了。但是对于其他许多风险来说，采用一个概率统计学分布或直方图来表达则更好。对风险影响的定量度量，可以用项目延误的天数、额外增加的金额、工作量或其他适当的单位来表示。许多风险的影响不止表现在上面的某一个方面，例如，它可能对时间和成本都构成影响。

使用资源和**估算成本**方法，成本影响可以直接求出。它的度量单位可以是美元、日元、欧元或其他货币单位。至于对工作量的影响，则可以通过**估算活动资源**来计算，用人/天这个单位来度量。

进度影响是最复杂的。对时间影响的分析，取决于最坏情况下的**估算活动持续时间**，但是，并非每个活动持续时间的增加都必定改变整个项目的进度。只有在延误超过了通过关键路径分析和**制订进度计划**所规定的浮动范围后，才会导致项目最终截止日期的变更。

其他的影响方面包括员工的生产力、项目范围的变更或其他负面变化，对于这些问题，也必须都一一找出，并**制订项目管理计划**，尽可能精确地进行估算。尽管用于定量风险分析的数据看起来似乎是精确的，但是据此而得出的估算值的准确度却大不一样。

测量风险

与定性风险分析中所用的表格、网格和矩阵相比，定量风险分析也使用类似的格式，只不过用风险影响中预期的概率和数值估算值取代了定性分析中所用的范围和种类。采用数值数据的矩阵通常被二维的图形所取代。鉴于风险的影响可以通过成本、进度或其他单位来估算，因此，可能需要多张这样的图。

对于简单的项目，只要稍微浏览一下风险评估计划，就能看出有可能造成最大损失的风险。对于较为复杂的项目，敏感性分析则是快速找出最有可能导致项目延误风险（或风险组合）的方法。该分析很容易做到，只需将进度数据输入制订项目进度的**项目管理的软件和技术工具**就可以了。对于定量的"如果……则……"场景分析，可以通过按照顺序将表明进度敏感性的时间风险影响估测值运用于每个重大进度风险中去就可以了。

决策树可用来对期望的后果进行定量评估，该方法适用于这样的场合，即由于一些尚无法获得的数据，导致项目出现几个可能的分支。对于这类项目的风险评估，就可以采用决策树来对时间、成本或其他可测量的项目参数进行分析。

分析定量模型和使用计算机模拟

使用时间（或成本）的估算范围值可为 PERT 提供基础。最初，PERT 是依据每项活动的三个估算范围（乐观、最有可能、悲观）来对项目的总风险进行评估的。这三个估算范围也被用来计算单个活动的中值（期望值）和偏差（估计风险）。

你也可以使用"三点"(three-point)活动持续时间估算法来评估项目的进度风险，其方法是将范围数据输入蒙特卡洛（Monte Carlo）计算机模拟程序。类似地，"三点"成本估算法也可用于模拟以确定项目总的预算风险。

记录风险和具体的后果

对于与活动有关的重大风险的定量评估，应当在项目风险登记册中记录已测得的风险后果。然后选择重大的风险，对其**规划风险应对**。

可以通过将各项活动的定量风险评估结果进行累加的方法，来评估项目的总风险。如果累计的**项目度量指标**表明，与你过去成功完成的项目相比，这个项目的规模更大、用时更长或复杂程度更高，那么它的总风险就会更高。要使用风险定量评估的数据来证明和建立进度、预算储备或两者兼备。

项目资源管理的技巧

71

对所需技能的分析

> **内容**：确定完成项目所需的技能。
> **阶段**：在项目规划和项目执行期间。
> **结果**：对项目所需技能的汇总，包括经验和熟练程度。

回顾工作分解结构

技能分析是**规划人力资源**的关键部分。对于项目**工作分解结构**中位于最低层的已**定义活动**的每项工作，都要列出其主办人和其他参与该工作的员工。**职责分析矩阵**则是为**工作分解结构**活动确定员工配备的方法之一。

确定所需技能

列出必要的技能及完成活动所需要的背景，包括：
- 有关特定领域的知识。
- 使用工具和设备的熟练程度。
- 对于应用程序和系统的经验。
- 沟通和语言能力。
- 在给定领域有一定的经验。

对于每个项目活动，画思维导图（见图 71-1），是对所需技能进行分析的一个良好开始。

➔ 206

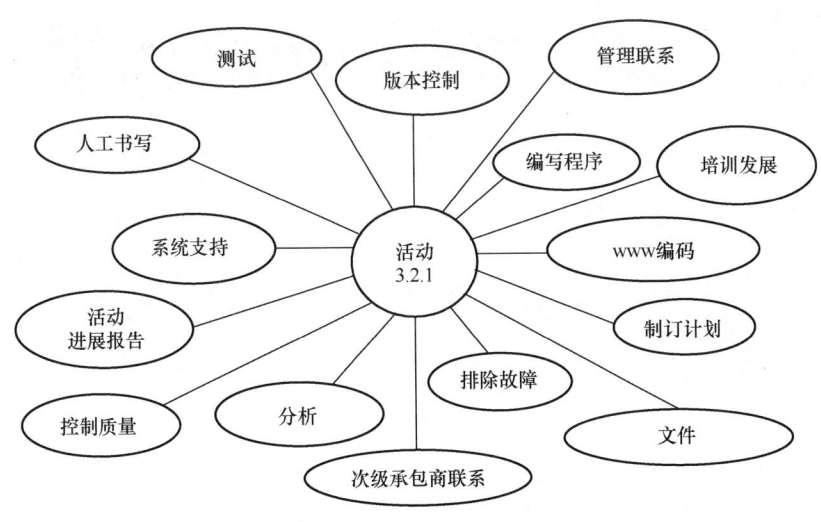

图 71-1　所需技能的思维导图

识别差距，记录能力

列出尚未满足的技能需求。识别所有特定的技能需求，如果你无法从一个能干的、指定的员工那里得到可靠的承诺。

还要列出已经掌握的技能。在**制订项目管理计划**期间，要考虑是否还有其他工作方法可替代团队已具有的技能。要通过**获取团队**，或者在必要时，通过**规划采购**和**实施采购**来解决剩余的技能缺口问题。

为一个项目仅配备专家型人员会带来风险，因为工作中必然会涉及一些跨部门或超出专业人士知识范围的事情。所以一个项目应当把"通才"作为必要的人员，同时还要包含那些适应能力强、能够随机应变的人员。

207

项目管理工具箱（第3版）

项目范围管理的技巧

72 收集需求

> **内容**：了解用户对项目成果有哪些需求，并予以采纳。
> **阶段**：在项目启动和项目规划期间。
> **结果**：满足用户需求并交付商业价值的项目可交付成果。

组织并确定目标

需求分析工作应从一开始就与**规划范围**、**项目章程**及**项目的基本框架**决策等工作协调进行。

交付需求这个问题，从**项目启动**阶段就出现了，但是在开始时，你几乎总是不具备充足的数据。你应当和那些与项目可交付成果有关的相关方一起来填补这个空白。这些人包括：

- 使用你的项目来开展工作的人。
- 购买或为项目付钱的人。
- 提交、安装或维护项目的人。
- 测试人员、评估人员及批准人员。
- 这些人的经理。
- 来自已**识别相关方**中的其他关键人士。

需求建立在用户的需要上，这些需要包括已明确的和那些尚不明确的。一般来说，已明确的需要是很容易发现的，因为它们多半与特性和性能相关。不明确的需要包括基本需要（被大多数用户认为是理所当然的需要）和"兴奋"需要，对于大多数用户来说，这些需要基于看起来不可能实现的新技术或新点子。全面的需求调查要求具备观察能力、研究能力、创新能力和想象力。

为了**定义范围**，你必须找出你还不知道的用户信息。对于任何缺失的信息，要编制一份清晰的、必须回答的问题表，并且要事先决定你将如何使用这些信息。要为这项工作确定目标和计划，并努力实现它。

项目团队可能缺乏全面评估用户需要的技能，这需要得到在产品管理或营销方面有丰富经验的专家们的帮助。要寻找那些具备跨部门工作能力的人才及所需的外部人力资源。即使你不直接参与收集需求的工作，也要确保你的核心团队成员至少在一开始时就参与确定项目目标的工作，并且在最后参与分析和归纳调查结果的工作。

对用户的调查工作可能既费时，又费力。倘若如此，就要事先获得必要的经费及上级的批准。

确定你都知道什么

对已经获得的用户信息进行复核。制订公司一级的战略计划通常需要对客户和用户信息进行归纳总结。还可以寻找其他相关的研究和来自公共出版物的资料。

根据现有的资料，将你了解到的用户信息记录在案。

解决未曾遇到过的信息需要

确定你还需要哪些其他方面的信息。对于开发用来销售的产品或服务的项目，需要进行**市场调研**。对于用户数量有限的项目，应当安排有用户代表参加的**访谈会**。如果有必要，应当与用户和相关方一起举办研讨会或恳谈会，以查明并验证用户的要求。

对于新技术或新思想，应当以创新思维来探索机会，并尝试另外的选择，或者将一些概念组合在一起。可以采用**头脑风暴**和**创新解决问题的方法**来寻求最佳选择。

对于那些面临重大未知问题的项目（由于可交付成果非常新颖，需要考虑多种替代方案或其他不确定性因素），可以考虑采取敏捷方法，也就是通过一系列增量的、迭代的交付和调整来处理用户需求。

记录和使用数据

将用户需求的信息总结出来，并与项目发起人、团队及其他相关方一起讨论所收集的情况。明确这些信息对于项目意味着什么。要把你对需求的分析与你的**规划质量**管理综合在一起，并以此来**定义范围**和**制订项目管理计划**。利用这些需求来设定**项目的目标和优先级**，并处理**范围变更控制**和**整体变更控制**等工作。

在项目工作的全过程中，都要确定处理用户需求的方法，例如，可以使用追溯矩阵或"燃尽"（Burn Down）表等方法。要确保做到，你计划的开发工作和测试是与已记录的用户需求相吻合的，并且这些工作已经完全成为项目**工作分解结构**的组成部分，同时还要用这些需求信息来**确认**项目**范围**是否恰当。

对于费时较长的项目，在每次**项目评审**期间，都要回顾一下这些用户需求。对于那些采用敏捷方法的项目，在每次开发迭代后，根据用户反馈和测试结果来对用户需求和优先级进行更新。

项目资源管理的技巧

73

资源平衡

> **内容**：通过减少个别员工负担过重的情况和找出没有得到充分使用的员工，使项目计划与现有人力资源协调一致。
>
> **阶段**：在项目规划和项目执行期间。
>
> **结果**：得到与现有人力资源相吻合的项目资源计划和进度安排。

扼要描述所需要的资源

通过**估算活动资源**和**制订进度计划**，可以为整个项目和所有的关键资源类型创建资源负荷进度表。可以使用**用于项目管理的软件和技术工具**来自动完成这项工作，也可采用电子制表软件、项目数据库及其他方法，来为人员和其他重要项目资源制定资源直方图或表格。图73-1是资源直方图的示例。

识别资源不足和资源过剩

利用所做的直方图、电子表格或其他表格来检查你的分析。对于每个员工或资源类型，都要确认是否存在负担过重的情况，即计划的工作是否超过了现有资源的能力。同时也要注意，对于员工而言，在现在起草的计划中，是否存在其能力未被充分使用的情况。

对整个项目重复进行这种分析，找出初步计划中是否存在员工总量配备不足的地方。

211

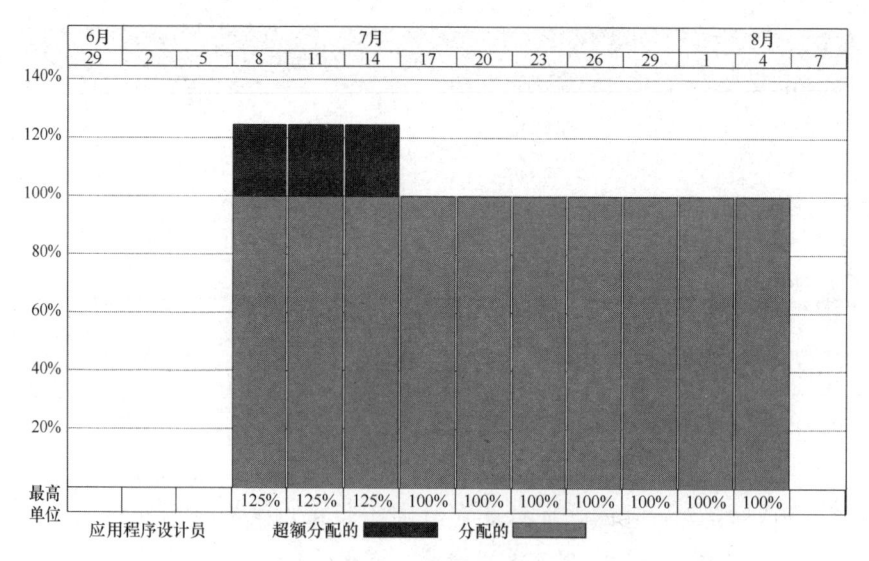

图 73-1 资源直方图

弥合差距

用于项目管理的软件工具通常具有对资源进行自动调配的功能。尽管有时候该功能看起来是有用的,但是这种自动调配的结果常常不被项目计划所认可。所以在这么做之前,要将计划数据进行备份。

另一个调配方法是找出计划中的资源瓶颈,然后考虑以人工方法进行修正。减少资源冲突的修正方法包括:

- 将计划好的资源平衡使用,将其更好地用到当前缺乏资源的地方。
- 通过调入工作负荷不满的项目员工,来缩短某些活动的持续时间。
- 建议对项目范围进行修改,或者将项目延期交付。
- 为额外的项目**团队的获取**或**规划采购**构建案例。
- 将一些活动分解为更小的部分,这些小部分中的一个或多个具有时间上的间隙。
- 通过修订**估算活动持续时间**值,来改变计划工作的进展速度。

通过恰当的"如果……则……"分析(一个进度工具数据库的单独副本是进行此种工作既快又有效的方法),为项目计划确定可用的选项,并选出能够解决资源配置不足的方法。

更新项目计划、进度和其他计划文件,以反映所有已做出的变更。

项目资源管理的技巧

74

职责分析

内容：确定所有已定义的项目活动都有一位主办人和足够的人手。
阶段：在项目规划期间。
结果：对项目工作的范围和责任进行明确的二维责任矩阵。

构建 RACI 矩阵

使用 RACI 分类法确定每项**已定义的**活动中人员的作用：
- R：承办人（从事具体工作的人员）。
- A：责任人（主持一项工作的人员——每个活动只有一个"A"）。
- C：领导者（批准者、决策者）。
- I：知情人（提供信息者）。

使用一个二维责任划定矩阵，说明项目活动的人员配备情况，在该矩阵中，一个轴上给出了不同的项目活动，另一个轴上则给出了员工的名字。在员工轴上还专门设有 tbh（to be hired，被雇用的人）一栏，它表示尚未满足的人员需要。表 74-1 就是 RACI 矩阵的一个例子。

表 74-1　RACI 矩阵

RACI 矩阵	豪克耶	玛格丽特	特拉帕	拉达	tbh
活动 1.1.1	A		R	C	R
活动 1.1.2	C	A		I	
活动 1.2.1	R	I	A	C	RRR
活动 1.2.2	C	R	R	A	

对 RACI 矩阵进行分析

检查这个矩阵，确保每项活动都有一个且只有一个责任人。对于每项活动，要对人员配备是否恰当，以及承办人是否具有完成该工作的能力等问题做出评估。对于每个员工，要检查他是否承担了过多的项目工作，特别是责任人的工作。还要检查，现有的人才是否与**所需技能的分析**相吻合。利用"tbh"数据可以帮助你**获取团队和规划采购**。

项目成本管理的技巧

75

投资回报率分析

> **内容**：分析项目的成本和效益。
> **阶段**：在项目启动和项目规划期间。
> **结果**：定量评估一个项目总的财务价值。

回顾投资回报率分析方法

所有项目的投资回报率分析估算值都是一种带有预测性质的**项目度量指标**。投资回报率分析将成本和效益数据（与该项目有关的货币流入量和流出量）结合在一起来考虑。由于这些计算基于对未来效益过于乐观的估算值，因此，作为度量指标的投资回报率分析，就其准确度而言，其差异会很大。

大多数投资回报率分析方法都是基于货币的时间价值来计算的，该方法假定一个贴现率（或利率），它使一笔钱的未来价值要低于同一笔钱今天的价值。其公式为：$PV=FV/(1+i)^n$，其中：PV 是现在的价值；FV 是将来的价值；i 是某个期间内的利率；n 是期间数［如果该期间是一年，利率是每年 5%（0.05），那么今天的 1 美元，其一年后的价值就是 1.05 美元］。在投资回报率分析的计算中，使用的利率通常是依据当前借钱的成本或本公司对投资期望的目标回报率所得出的。

计算投资回报率的方法有许多种，每种方法都各有其优缺点。尽管所有的投资回报率都使用同样的数据进行计算，但是，当用它来对项目进行比较时，常常会产生不同的结果。典型的方法有：

- 单纯的回收期法。
- 贴现回收期法。
- 净现值法。
- 内部回报率法。
- 经济货币价值法。

评估单纯的回收期法

在用投资回报率分析来评估项目时,最简单的方法是,在不考虑货币时间价值的前提下计算其回收期。项目的成本可以通过估算成本来得到**成本预算**。下一步,你需要对项目完成后的效益、节省下来的钱或收入做一个预测,这个预测值能在未来某个时期足以抵销你花去的项目成本。所谓回收期就是指,项目达到收支平衡点和自我补偿点的那段时间。单纯回收期法的好处是,它容易计算,并且可以在合理的时间框架内,通过实际数据进行验证。它的缺点是,它没有考虑该项目在回收期之后所能带来的收益,并忽视了项目大小所造成的影响。

评估贴现回收期法

这个方法与单纯回收期法一样,但是它使用了贴现率,因此对未来成本和效益的估算值总是小于当前的估算值。鉴于项目的成本发生在最近一个时期,而项目的效益则产生于比较遥远的将来,因此,贴现回收期总是要比单纯回收期长,对于短期项目而言,这个差别可以忽略,但对于费时较长的项目,这个差别则会很显著。该方法的优缺点与单纯回收期法是相似的。

评估净现值法

与贴现回收期法相比,净现值(NPV)法使用的是同样的方法,但是,它考虑了超过已定义的盈亏平衡点以后的情况。净现值法中的成本是依据项目预算得到的,但是在计算时,还考虑了在项目提交后其整个生命期间所带来的全部效益的估算值。净现值法考虑的不是回收成本所需要的时间长短，它将所有贴现后的估算收益加起来，再减去所有贴现后的估算成本值，因此该计算得出的是一个项目总的货币价值。通过净现值法，我们可以将财务情况和时间尺度非常不同的项目进行比较。但是，与小项目相比，净现值法更适合项目集，因为净现值法需要更多的估算，并且用于验证其效果的时间也很长。

评估内部回报率法

在投资回报率分析的各种方法中，内部回报率（IRR）法是最复杂的一个。对于成本和效益的估算，内部回报率法使用的是与计算总的净现值一样的方法，但是，内部回报率法不事先假定一个利率，然后计算出项目的总价值，而是通过计算来找出那个使净现值为 0 的利率。对于比较具有不同规模和时间长度的项目来说，内部回报率法非常有用，但是它需要电子制表软件或财务计算器。当然，它也需要更多的数据，而且和净现值法一样，它需要更长的时间才能得到验证。

评估经济货币价值法

经济货币价值（EMV）法与净现值法的计算方法相同，但是它能提供更多的情景。每个情景都具有不同的现金流和估算的可能性。所有情景的概率相加起来应当等于 100%。尽管经济货币价值法将表面上精确的决策树和定量风险分析结果用到了投资回报率分析中，但是，它所得出的预测值取决于概率和财务回报的估算值，而这两者都可能是极其不准确的。

领导力的技巧

76

奖励和认可

> **内容**：对个人和团队所取得的成就正式表达感谢。
> **阶段**：在整个项目期间，尤其是在项目收尾。
> **结果**：除了成功地完成当前和未来的项目，还能实现更好的团队合作和协作精神。

奖励和认可是**管理团队**的重要方面。总的来说，有的放矢地对个人或团队进行奖励和认可是最有效的，因此必须根据具体情况来决定这种表扬应当是公开的还是不公开的，还应当通过**非正式沟通**来了解何种奖励最受欢迎，并且这也能增进你与团队成员之间的关系。

经常使用无形的奖励和认可

在提高**积极性**方面，采用那些微不足道或无须花费的表扬方式是很有成效的，因此可以经常采用这种方法来表达你的赞赏。在偶尔为之的情况下，无形的奖励是最有效的，特别是在意料之外的情况下，运用此法会更加成功。下面是一些随机进行正面鼓励的例子。

- 对于人们取得的成就，要亲自表达感谢。只要有可能，就应当当面表达感谢。对于分布式团队或**全球化团队**，则可以通过电话或电子邮件来表示感谢。即使对于一些小小不言的成绩，也要保持敏感性并及时表达感谢。
- 在**管理沟通**过程中，要在项目报告、**演讲**和其他文件中提到团队成员的名字。要具体指出为什么他们的工作和成果是十分重要的。

- 要以书面形式，就团队成员取得的成就向**矩阵型团队**的成员及其主管正式提出表扬。要在对团队成员进行绩效考核之前，向他们提交全面的报告。
- 对于做出优异贡献的团队成员，应当在会议上公开表示感谢。
- 在项目情况汇报会和**项目评审**会上，讨论个人和团队的工作成绩。
- 在管理或客户访谈会上，应当有团队代表出席。
- 在团队内提高责任感。
- 发放证书或纪念品（徽章、钢笔或其他小物件）以给予表彰。

谨慎地公开使用有形的奖励和认可

如果奖励是恰如其分的并符合个人偏好，那么花费一定的费用，采用有形奖励的方法来公开表示赞赏是十分有效的。采用人们不喜欢且费用昂贵的仪式或物品给予奖励，实际上往往适得其反，反而会挫伤人们的积极性，因为有些人并不喜欢出风头，引起大家的注意。一些有效的奖励方法包括：

- 通过团队庆祝活动或大会来庆贺项目的成功。
- 在单位内部或外部，在金钱或其他奖励过程中，提出个人或团队的名字。
- 对整个团队的表现给予实质性的奖励，如服装、食品或其他有形的礼品。
- 给予出差机会，或者支持其参加专业会议或培训班。
- 晋升或其他正式增加其责任的措施。

恰当地私下使用有形的奖励和认可

除了极少数情况，涉及金钱的奖励都应当在私下进行。在不经常使用的情况下，货币奖励是最有效的，因为一旦这种奖励成为"家常便饭"，它就不再被看作一种奖励了（你认为你的工资是一种奖励吗）。依据项目的性质及项目领导者权力的大小，这类奖励可以采用以下一些方式：

- 对加薪的建议。
- 财务奖励，如分红或股票期权。
- 礼品券、庆祝会后的聚餐、戏票或其他花费成本的个人奖励。

如果你的单位已经具有这种奖励制度，那就应当充分进行利用。

项目风险管理的技巧

77

识别风险

> 内容：记录和诊断项目潜在的问题。
> 阶段：在项目规划和项目执行期间。
> 结果：一份可靠的对项目已知潜在问题的列表。

回顾风险历史

回顾一下以前项目的难点、历史数据及包含风险信息的数据库，这些资料既包括单位内部的，也包括从公开来源获得的。研究一下在**项目取消**工作中吸取的教训，以便了解在以前类似工作中出现过的那些突如其来的问题。

注意在项目规划过程中发现的风险

在制订**项目管理计划**的过程中，要注意在分析工作中出现的所有风险。随后，应当在**规划风险管理**中对其进行确认。

在**规划范围**、**收集需求**及**定义范围**期间，需要考虑以下有关项目范围方面的风险：

- 技术系统的复杂性。
- 相互冲突或不一致的规格参数。
- 极其苛刻的性能、可靠性或质量要求。
- 强制使用新技术。

77　识别风险

- 发明或发现新能力的需求。
- 验收或完工标准的表述不清或不完整。
- 客户的需求不清楚或可能发生变更。
- 组件可用性或潜在缺陷的影响。
- 关键次级组件或工具的外部来源存在的问题。
- 项目**工作分解结构**的总的数量过大。

在**规划进度**、**定义活动**、**估算活动持续时间**、**排列活动顺序**，以及**制订进度计划**的过程中，要找出进度方面的风险，例如：

- 有些活动没有自告奋勇的主办人。
- 一些活动的持续时间超过了两个星期，但没有将其进一步细化。
- 有些活动的持续时间没有被准确地进行估算。
- 一些活动具有显著的最坏情况 PPERT 的持续时间估算值。
- 一些活动处于项目的关键路径上，或者只具有很小的许可范围。
- 具有多个同时出现的关键活动。
- 一些活动或里程碑具有多个前项活动，或者具有外部依赖项。
- 所安排的工作进度超过了合理的计划范围。
- 具有跨部门的或需要转包的活动。

在**规划成本**、**估算活动资源**、**估算成本**、**获取团队**及**规划采购**的过程中，要将资源风险记录在案。例如：

- 一些活动的人员配备尚未得知。
- 一些活动的工作量估计要超过 80 小时，但没有将其进一步细化。
- 一些员工的工作不积极，或者存在团队成员流失的可能性。
- 一些活动所需要的技能目前不具备。
- 一些活动依赖个别关键的员工。
- 一些活动所配备的人员是兼职工作者，或者身处外地。
- 一些活动具有不确定的工作量或估算成本值。
- 一些活动具有显著的最坏情况 PPERT 的工作量或成本估算值。
- 一些活动或活动组合的人员配备不足。
- 具有外包或按照合同开展的工作。

发现额外风险

通过发现其他方面的问题，识别整体规划之外的额外风险，例如：
- 沟通或语言方面的挑战。
- 法规或其他可能变更的外部情况。
- 对于项目的需求，市场或用户可能发生变化。
- 可能出现企业重组或失去项目发起人的情况。
- 失去了专利权或保密信息。

与全体团队成员一起研究，以补充该风险列表。还可以在以下工作中开展头脑风暴来找出其他方面的风险：
- 考察项目的假设条件和约束条件。
- 检查项目文件。
- 从 SWOT（Strengths、Weaknesses、Opportunities 和 Threats 对应优势、劣势、机会和威胁）分析中，捕获潜在的风险。
- 构思各种项目场景，探索其中可能存在的最坏情况和风险。
- 评估项目可能的拖延和失误所造成的影响。

并非项目的所有不确定性都是有害的。在结束识别风险的工作之前，花一点时间来考虑不确定性可能产生的有利情况，并将这些因素加入风险列表。

记录风险

编制一份包含所有已识别风险的风险登记册。要清晰地描述每个列出的风险。对于每个风险，都要明确它对项目可能造成的后果。此外，对于每个风险，还要找出其触发因素，当这些因素出现时，就表明风险已经产生了，或者将要发生。

项目风险管理的技巧

78

规划风险管理

> 内容：记录你将如何处理项目风险。
> 阶段：在项目规划期间。
> 结果：了解相关方对风险的容忍度，以一种系统方法来处理项目风险。

评估相关方的风险容忍度

不同的单位对风险的看法大相径庭。可以通过以下方法来评估发起人、相关方及团队成员对风险的接受程度：

- 召开**会议**。
- 讨论和访谈。
- 回顾本单位的方针政策。
- 编写**项目章程**和其他初始项目文件。

通过向相关方名单上的那些人员提出问题，使项目的假设条件更加明晰，从而可以**确认相关方**对风险的容忍度。

识别风险管理程序

要确保风险管理成为**制订项目管理计划**和**项目计划的执行**过程中的一个组成部分。要对如何将现有的模板和标准用于识别风险和管理风险做出计划，并且将风险管理工作融入你打算使用的项目管理方法论和开发方法。可以把来自**项目取**

消工作中的信息，以及从以往项目中得到的教训作为改进风险管理方法的基础。

项目风险管理的整个过程包括：
- 识别风险。
- 进行**定性风险分析**，并在适当的时候进行**定量风险分析**。
- **规划风险应对**。
- **监控风险**。

对于小型项目，可以制订非正式的风险计划，但是对于大型且复杂的项目来说，你或许需要为风险管理计划编制文档。作为**成本预算**的一部分，必须确保风险管理得到必要的资金和人员支持。

典型的风险计划包括以下内容：
- 概述你的项目风险管理方法。
- 相关方的态度和其他信息。
- 制订计划的过程、工具和**项目度量指标**。
- 用于风险管理的现有标准、定义及报告格式。
- 在定期召开的**项目评审**中关注风险活动。
- 计划开展的风险管理工作。

使用风险调查和全面评估

可以通过风险问卷、调查和其他方法来评估项目的总风险。要探究那些与**项目的目标和优先级**、客户和用户、项目开发方法及**项目的基本框架**等有关的风险。

可以通过书面调研、网上调查或访谈会等形式，来找出项目总风险的根源，并对**组织变革**提出建议，以减少项目出现系统风险的可能性。

项目风险管理的技巧

79
监控风险

> **内容**：跟踪已识别的项目风险触发因素，在必要时做出回应。
> **阶段**：在项目执行期间。
> **结果**：项目的异常情况减少，问题能得到有效和及时的处理。

监督风险

这项工作是**项目计划的执行**工作的一部分。在整个项目期间，都必须通过**规划风险管理**来监督和解决风险问题，这些风险既包括那些在**识别风险**过程中记录的已知风险，也包括那些在实施项目过程中出现的未曾预料的风险。一定要积极主动地开展这项工作。对于**规划风险应对**过程中所确定的每项应急计划，都要指定一个负责人，由这个人负责监督特定的风险触发因素。要在**收集状态情况**和**项目偏差分析**时，识别可能出现风险的情况。

利用**项目度量指标**中的趋势分析（如**挣值管理**），来找出未来潜在的风险。

在**项目评审**中，要定期对项目风险重新进行评估。要对风险登记册进行更新，对风险进行分析和排序，同时对所有重大的新风险制订应对计划。

应对风险

当风险出现时，无论该风险是预料之中的，还是预料之外的，都要迅速做出应对。如果针对该问题已有现成的应对计划，就要根据实际情况尽快进行实施。

225

对于未曾预料的风险或你已经心中有数的风险，在制订应对计划时，要请该项目的团队成员一起参加。可以采用**控制进度**和**控制成本**中的那些方法来识别风险应对措施，力求尽快予以恢复。要寻找与**项目的基本框架**决策一致的变通方法和专门的应对措施。可以使用**问题管理**来跟踪恢复情况。

如果必须进行重要的变更，那么在进行变更前，可以使用**整体变更控制**过程来验证你建议的应对措施。应当和项目发起人及适当的相关方一起讨论这些重要的变更。在必要时，可以**将问题上报**以获得批准。对重大风险的应对可能需要**磋商项目变更问题**，并确定新的**项目基准**。

应当将你的计划和已实施的风险应对措施通知你的团队和适当的相关方。

验证应对措施是否有效

在实施应对措施后，要进行监督以确保应对措施达到了预想的结果，并且没有产生意料之外的不良后果。

如果风险依然存在，那就要通过制订额外的风险应对计划来更好地进行解决。

记录风险历史

作为风险控制工作的一部分，要对那些受应对措施影响的项目文件进行更新，并且在**管理沟通**工作中报告你的工作成果。

要把化解风险的情况加入项目信息档案，并且把新风险的摘要加入风险检查表、模板和数据库。要在项目评审期间分析这些风险资料，并且在关闭**项目**后吸取经验教训。

项目风险管理的技巧

80

规划风险应对

> 内容：确定如何最好地应对已知的重大风险。
> 阶段：在项目规划和项目执行期间。
> 结果：对项目计划进行调整，以应对可预防的风险，并制订应急计划来处理其他风险。

识别需要应对的风险

通过**定性风险分析**和**定量风险分析**，对风险登记册中的风险进行分类。通过**识别风险**，找出那些应当处理的重大风险（在通常情况下，这些风险至少有中等程度的发生概率和影响）。

回顾这些风险的触发事件，并且确定，在项目的进展过程中，这些风险在何时最有可能出现。如图 80-1 所示，风险管理包括风险触发事件出现前的预防和计划工作，也包括风险触发事件出现后所采取的应对措施。

对每个风险进行分类

对于每个需要处理的风险，要找出其发生的根源。可以使用**因果分析法**来找出这些风险的来源，以求更好地了解风险，并确定它们是否可控。要深入探索每个风险的起因，而不仅仅是其表面现象。

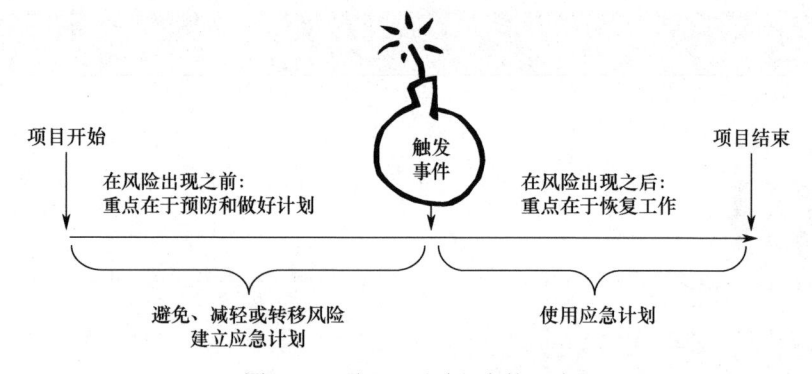

图 80-1　项目开展过程中的风险

当风险的来源处于你的控制范围内时，预防策略或许就能提供解决方案，对于那些无法控制的风险，风险管理需要恢复策略。如图 80-2 所示。

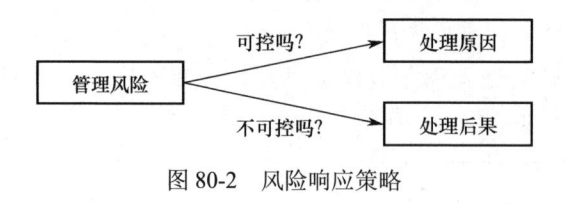

图 80-2　风险响应策略

处理风险的原因

风险预防策略包括避免、减轻和转移。

风险的避免包括重新制订项目工作计划，以彻底消除产生风险的原因。避免风险可能包含对以下方面做出变更：

- 对于项目范围风险。承诺最低可接受的可交付成果；避免采用新技术；购买而不是制造所需组件。
- 对于进度风险。减少活动依赖关系的数量；将高风险活动的进度提前；将时间长的活动进行分解。
- 对于资源风险。使所有的工作都有人执行和承担责任；培养所需的技能；消除负担过重的情况。

对于那些你无法计划的风险，可以通过**头脑风暴**来找出减轻风险的思路，以降低风险发生的概率或影响（或两者都有）。减轻风险的办法包括：

- 对于一般的情况。提高**管理沟通**水平和风险的可见性；确保强有力的**项**

目的发起工作；**管理相关方参与**；始终让用户参与项目工作；记录和强化**项目的目标和优先级**；**磋商项目变更问题**等，以消除风险的根源并降低不确定性。

- 对于项目范围风险。冻结规格参数；严格进行**范围变更控制**；建立模型和样本；采用敏捷方法；使所有文件的版本保持最新。
- 对于进度风险。使用所"期望"的**估算活动持续时间**值；将高优先级的工作提前安排；召开**项目评审会**；实行严格的跟踪工作。
- 对于资源风险。避免加班；增进信任和团队协作精神；始终严密地关注**控制采购**工作。

对于涉及重大财务风险的情况，采取转移风险的办法可能是有效的。对于某些项目而言，针对大笔的、计划外的支出进行保险，并将该保险费用列在项目预算中，或许是有道理的。

对用来预防风险的每个思路进行考察，将这种预防措施的成本（如时间、金钱和工作量等）与降低风险带来的好处进行比较。选出那些能以合理成本降低风险的思路来，并对你的计划进行更新。在把规划风险应对融入你的项目计划后，应当更新你的风险登记册，并对风险重新进行排序，以反映你所做出的更改。

如果在识别风险的过程中发现任何重大的不确定性事件，就要对项目计划进行更新，并且充分利用这些发现。

在采取了一切恰当的应对措施并对计划进行调整后，要重新评估已列出的风险，并更新风险登记册。

处理风险的后果

对于所有依然留在风险登记册上的重大风险，需要考虑相应的恢复计划。对于恢复应对措施来说，可以提前确定（制订应急计划），也可以与风险事件同时确定（接受它）。

对于那些你无法预防的重大风险，要准备好应急计划。在你完善**制订项目管理计划**的过程中，要制订从每个风险中得以恢复的计划。其思路包括：

- 一般战略。在进度和预算上留有余地；提升项目的优先级。
- 项目范围风险战略。放宽某些规格参数；重新确定一些项目特性的优先级。
- 进度风险战略。将一些非关键的活动推迟；使用替代方法或已有的应急措施；更换员工；重新安排工作进度。
- 资源风险战略。加班；将工作外包；从优先级低的项目中调来员工。

对于每项应急计划，都要确定其触发事件和主办人。要指定一个主办人负责监督每项风险，并明确这个主办人必须监督的触发事件。

对于某些风险，想事先制订恢复计划是不现实的。当无法拟定详尽的风险恢复措施时，可以选择接受这个风险，而不采取特定的风险应对措施。这个方法通常适用于一些小小不言的风险（包括风险登记册上那些你不打算予以处理的风险）。

使用风险信息

要对所有的项目风险进行评估，并在**项目基准的设定**中使用这些风险数据。在制订计划期间，如果发现存在特别危险的事情，那么在投入更多的心血之前，将这个**项目取消**或许是最佳的选择。

记录所有的风险，并让它们始终摆在你的案头。把一份包含"前十名"风险的列表张贴起来。

每个项目都有其独特之处，因此并不是每个风险都能被发现。可以运用历史规范和过去的经验教训来估计那些未知的风险。可以通过运用各种应急计划、最坏情况下的后果数据及其他风险分析资料，来为进度和预算确定应保留的储备，并证实其合理性。

项目进度管理的技巧

81

控制进度

> **内容**：监督项目活动，并管理项目的时间。
> **阶段**：在项目执行期间。
> **结果**：项目活动得到精确的跟踪，在必要时对计划进行调整，以满足里程碑和项目截止日期的要求。

确定项目状况和分析偏差

控制进度是**项目计划的执行**工作的核心问题。在项目跟踪周期中，它是在**收集状态情况**和**项目偏差分析**之后进行的。每当在任何周期中发现重大的进度偏差时，就必须控制进度。对于每个偏差，可以使用**因果分析法**来搞清楚它的根源，以及对项目进展的影响。如果其根源在于员工们工作不努力，那就要寻找**员工工作绩效问题解决方案**。还要确定，这种影响究竟是一次性的，还是短期的，或者，如果影响的来源是一个长期的问题，那么这种影响是否会成为一种迁延日久的难题。

制订应对计划

重新审核一下**项目的基本框架**决策和**整体变更控制**工作，以确保它们与共同商定的原则和你的**规划进度**是一致的。

对于你发现的每个进度偏差，都要让你的团队参与**问题管理**并拟定应对措施计划。要尽可能多地听取大家解决问题的想法和主意。

可以通过**预测项目完成情况**的工作来确定进度偏差对整个项目的影响。根据问题的严重程度和根源，这些应对措施可以是：

- 做一些与**项目的目标和优先级**相吻合的微小改动。
- 实施在**规划风险应对**过程中所确定的应急计划。
- 对项目做大的改动。

对于短期的进度问题，可以考虑采取"蛮力"（brute force）的做法，例如在晚上或非工作日进行加班。

对于比较严重的问题，可以通过**头脑风暴**来找出使项目进度回归正常的办法。要在完善**制订项目管理计划**，特别是**约束条件管理和优化计划**的过程中探索各种选项。要拟订的计划应当针对产生偏差的根源，而不是针对其表面的现象。在采用"如果……则……"方法构建各种场景时，**用于项目管理的软件和技术工具**会是十分有用的。要避免立即采用你想出来的第一个措施，而是应当设法构思出多种可靠的应对措施。典型的应对措施包括：

- 更改工作的逻辑流程。
- 将未来的一些活动分解为一些更小的、可以同时开展的任务。
- 找出一些新的、更快的方法来加速项目工作。
- 增加资源来缩短原先的估算活动持续时间。
- 增加额外的工作时间（即使这种"计划内的加班"会增加风险和降低员工**积极性**）。
- 从那些时间要求不紧的项目上调进人手（或领导者）。
- 减少项目可交付成果的范围。
- 实施那些在以往类似工作中有效的应对措施。

对于那些无法用通常分析进行解决的问题，可以使用**创新解决问题的方法**来处理。要安排合理的时间来拟定应对措施，但是也要避免产生"分析疲劳"。要为此确定一个时间界限，并采用系统的**决策**方法来迅速挑选最佳的点子。

采取行动并记录结果

在采取行动前，要对你的应对措施进行确认。要验证应对措施与项目的优先级是一致的。如果应对措施涉及对可交付成果的更改，那么就要通过**范围变更控制**来获得批准。对于重大的变更，则要与项目发起人及适当的相关方一起协商。在必要时，可以**将问题上报**，并**监督相关方参与**，让上级来做出决策或批准。重大的变更或许还需要**整体变更控制**，并且需要重新完成**项目基准的设定**。

要将你的计划和实施应对措施的情况通报给项目团队、相关方和其他有关人员。

在完成应对措施后要进行检查，以确保获得了预想的结果，并且没有造成任何未曾预料的负面后果。如果问题依然存在，则要通过制订另外的计划来探寻更妥善的解决方案。

要及时更新受到这些应对措施影响的项目的计划文件，并通过你的报告和**管理沟通**工作让大家随时了解项目的进展情况。

项目进度管理的技巧

82

制订进度计划

> 内容：根据日历日期，制订进度计划。
> 阶段：在项目规划和项目执行期间。
> 结果：找出关键路径，确定一个可以用来分析、谈判和跟踪的进度。

记录那些重要的非项目日期和因素

制订进度计划是**制订项目管理计划**的核心部分。它将**估算活动持续时间**和**排列活动顺序**结合在一起，并依据详尽的分析和**规划进度**，来确定项目的日历日期。

这些工作首先从制订一份项目日程表开始。要找出所有对项目有重要意义的时刻，包括项目启动日、任何时间上的约束条件、预期的阶段时间及最终的截止日期，以及项目与其他预定工作相互影响的关键日期等。它还包含来自有关项目团队的信息，而这些信息又来自**职责分析**和**规划人力资源**管理。例如：

- 计划加班的周末（如果有的话）。
- 假期和其他非工作日——适用于从事本项目工作的所有不同地方的人。
- 每个团队成员计划的休假和其他时间安排上的冲突。
- 单位里强制性的活动、关键日期及会议。
- 计划中的工作现场封闭时间。
- 预定的设备检修停工时间。

如果你使用了用于**项目管理的软件和技术工具**，则应当将日程表的信息输入其中。在输入项目活动估算值和有依赖关系的数据前，建立你的项目日程表。

分析和记录项目的进度

通过把项目估算活动持续时间值和依赖关系相结合，就可以确定项目的关键路径（或多个路径）。关键路径具有最长的持续时间，它是项目中一系列相互连接的活动的持续时间的总和。分析关键路径既可以通过手工进行，也可以通过计算机软件来完成。对于那些具有 100 项活动以上的项目，手工分析会很困难。

关键路径分析依赖对整个项目进行的两个分析过程：一个是正向分析过程，它计算每个活动能够结束的最早日期；另一个是反向分析过程，它计算与每个正向过程的结束日期一致的该活动的最晚结束日期。

首先确定每个活动的最早进度，它按照时间沿着每条项目活动网络路径向前推算。这个最早进度确定了该项活动可以开始和期望结束的日期。这个最早进度通常用于项目的实施和跟踪。

然后进行同样的分析，不过这次按照时间，沿着最长（或关键）活动路径的末尾向后推算，为每个活动确定最晚进度。每个活动的最晚开始和最晚结束的时间则代表了在不拉长项目关键路径的前提下，能容忍的最大时间延误。

如果项目活动的最晚进度和最早进度之间的差值是正的，那么这些活动就被看作非关键性的，而这两个进度之间的差值就叫作浮动区间或缓冲期。

具有 0 浮动区间的项目活动（具有完全一样的最早和最晚进度）就是处于关键路径上的活动。所有那些没有浮动区间的活动都是通过其依赖关系连接到其他关键活动上去的，而这种连接累计起来就确定了至少一条关键路径。（有些具有负的浮动区间的活动也可以是关键性的，当项目的截止时间必须是一个早于该关键路径计算得出的结束时间时，就会发生这种情况。）

进度管理的软件能自动进行这种分析（但是分析过程常常冗长乏味），在通常情况下，将那些非关键活动用蓝色表示，而关键活动则用红色表示。

计算机也能生成具有时间坐标的项目活动柱状图，也叫作甘特图［依据发明该图的亨利·甘特（Henry Gantt）的名字命名］。图 82-1 就是一张简单的甘特图，它能显示活动的依赖关系，但是，要想表明复杂项目的工作流程，网络图则是最好的选择。

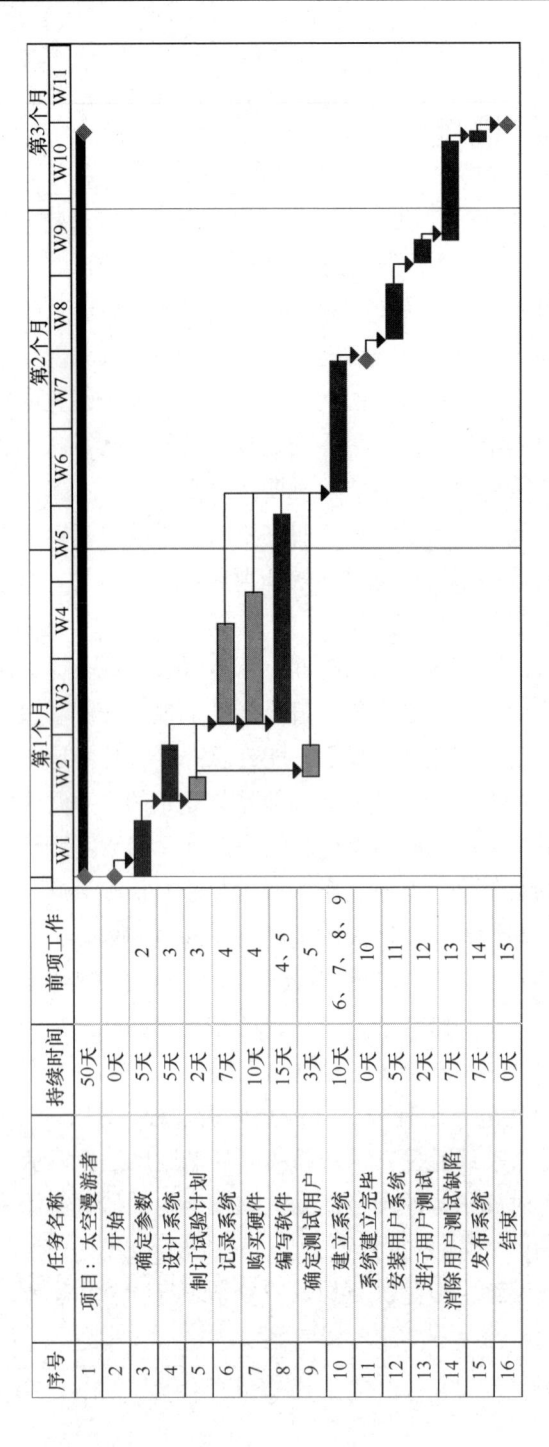

序号	任务名称	持续时间	前项工作
1	项目：太空漫游者	50天	
2	开始	0天	
3	确定参数	5天	2
4	设计系统	5天	3
5	制订试验计划	2天	3
6	记录系统	7天	4
7	购买硬件	10天	4
8	编写软件	15天	4、5
9	确定测试用户	3天	5
10	建立系统	10天	6、7、8、9
11	系统建立完毕	0天	10
12	安装用户系统	5天	11
13	进行用户测试	2天	12
14	消除用户测试缺陷	7天	13
15	发布系统	7天	14
16	结束	0天	15

图 82-1 由软件生成的甘特图

调整计划以适应项目的约束条件

使用日历中的日期来审核项目的工作流程，特别要注意那些同时并行执行的活动。如果在时间上存在问题，要根据需要对活动的持续时间估算做出修订，或者调整依赖关系，或者在必要时将工作推迟，以此来解决相互冲突的现象。要对整个项目执行期间内各个时间段所需要的工作量进行分析，如果发现存在所需工作量超过了团队能力的情况，在必要时，就必须通过**资源平衡**来保证进度。如果你的项目是一个由**多个依赖项目构成的项目集**的一部分，或许还需要变更活动时间，以管理依赖关系和接口等问题。

通过**识别风险**、分析和**规划风险应对**等工作，对项目计划中如何处理风险问题进行细化。要在项目计划中加入避免风险和减轻风险的活动，并相应调整你的项目进度。

根据时间、资源和风险分析等方面所确定的进度，可能并不与**项目的目标和优先级**相匹配。要通过**约束条件管理和优化计划**来将进度问题最小化。如果根据你的分析有了另外一个可以接受的计划，就把它记录在案，并用它来重新进行**项目基准的设定**。

如果你竭尽全力，依然无法制订出一个能实现项目目标和符合其约束条件的项目计划，那就必须制订一个或多个接近项目目标和约束条件的替代计划，并且在**磋商项目变更问题**时拿出这些计划以供选择。

记录和使用进度

可以使用甘特图将你的进度文件存入软件工具，或者至少用纸质表格、电子表格、数据库或笔记本将其记录在案。

利用能够提供蒙特卡洛分析的项目管理软件完成的计算机模拟，也可以对时间风险进行分析。这些工具能够以分布图或直方图的形式来显示进度，并且能够预测项目得以按照规定的工作日历日期完成或提前完成的概率。

活动的最早进度可用于**收集状态情况**和**项目计划的执行**工作，并通过**控制进度**来使你的进度始终与规划进度相契合。

应通过**项目评审**定期地反复检查总的进度情况，特别是对于费时较长的项目，尤其需要这样做。

项目进度管理的技巧

83
规划进度

> 内容：记录项目的进度过程。
> 阶段：在项目启动和项目执行期间。
> 结果：针对项目工作流程如何确定和管理，进行清楚的定义，以此为整个项目的时间需求提供一个管控基础。

规划进度的准备工作

规划进度是整体制订**项目管理计划**的一个组成部分。在一开始，必须对来自**项目启动**阶段的项目信息进行审议，这些信息包括：

- **项目的基本框架**的决策。
- 确定**项目的发起人和识别相关方**。
- **项目的目标和优先级**。
- **项目章程**中的某些部分，特别是那些与约束条件、人员与资金条件及时间要求等有关的信息。

要找出那些你需要的，但仍然缺失的信息，并确定通过哪些方法来获得这些信息。

还要考虑**项目的生命周期**及项目的方法论要求。为传统的项目规划进度，需要事先做许多工作来为整个项目准备一份可靠的工作流程表。而对于使用敏捷方法的项目来说，其规划进度在总体上为一系列交付周期做出安排，从细节上来看，则仅仅是对下一次或两次迭代做出安排。应当使你规划进度的过程与最适合你的工作方法协调一致。

对于大多数现代项目而言，规划进度也非常需要借助**项目管理的软件和技术工具**。在准备为你的项目规划进度时，事先要确定你需要什么。小项目很容易处理，不需要特别的软件。因此，在规划小项目的进度时，如果还需要学习和使用新软件，或许就意味着你花了一笔冤枉钱。然而，对于那些耗时超过几个月，或者根据**定义活动**得出超过 100 项活动的项目，一般都会从使用项目管理软件（即便是入门版本）中得到好处。在选择软件时，需要考虑以下事项：

- 成本（软件、培训、支持、更新或其他费用）。
- 已被同行采用（分析结果可以存入本地专家意见）。
- 容易使用（安装、学习曲线、操作、更新等）。
- 是否与本单位的标准及相关的应用软件相互兼容。
- 是否需要进行专门的风险分析和模块化。
- 是否需要进行大量的资源分析并运用跟踪功能。
- 是否具有编写定制报告的能力。
- 是否需要对项目信息进行输入和输出。
- 是否需要对具有流程依赖关系的多个依赖项目的进度进行协调和分析。
- 因特网和其他远程访问的能力。

选择能够满足你要求的工具就行，不要贪图那些功能太强的软件，因为那样会增加成本，并且使操作复杂化。对于那些时间跨度超过六个月甚至一年的，并且具有适当数量外部依赖关系的项目，中型软件工具（如微软公司的项目软件）通常就够用了。对于大型项目，以及那些需要更强存取和分析功能的项目，高端的"企业级"软件[例如，来自普力马弗拉公司（Primavera）或类似供应商提供的软件套件]或许是更好的选择。尽管多用户的版本更加昂贵和更难掌握，但是，它们具有中型软件所不具有的能力，并且在**项目办公室**中使用时，其作用会更大。

如果你决定采用软件来规划进度，那么一定要熟练掌握它。为了充分利用你并不熟悉的项目管理软件所能带来的好处，你需要找一位导师，或者参加培训。要通过练习和实际使用来提高使用软件的技能。即使你经验丰富，也要通过与那些使用相同软件的人一起切磋来提高你的使用效能。要和你的同事一起创建模板，这些模板应当包含典型项目中所有的标准活动，并且努力改进这些模板。

同时，你一定要下决心有效地使用你选择的软件。所有制定项目进度的工具，基本上都是可为项目管理编写相关报告并具有分析功能的数据库。没有一个工具是专门为你的项目管理和计划量身定做的，但是，如果你能巧妙地使用它们，会使你的工作事半功倍。如果通过对项目的依赖性进行详尽分析（与"必须何时启动"，以及从上到下强制要求的截止日期相反），你有了自己项目工作的流程图，那么，对于"如果……则……"分析、**约束条件管理和优化计划**及**规划风险应对**等，这种规划进度的工具是大有裨益的。当进入**项目计划**的**执行**阶段时，你也可以使用这个以依赖性为基础的进度来收集各种信息，以及将实际的进度和成本与计划进行比较，并且将比较的结果运用到编写项目报告和**沟通控制**中去。在整个项目期间，都可以使用软件来分析因为时间问题所造成的后果以及**预测项目完成情况**，并且还可用于之后的**整体变更控制**。

完善规划进度

在你的项目团队中，要确定需要哪些人参与规划进度的工作，并且确保让这些人参与分析**定义活动**（来自工作分解结构）、**估算活动持续时间**、**排列活动顺序**，以及其他有关工作流程分析和**制订进度计划**的工作。预定一个召开**项目启动研讨会**的日期，将规划进度的活动列为该**会议**的议程并让它成为其他**制订项目管理计划**会议的一部分。

确定你将如何**收集状态情况**，如何收集与时间有关的**项目度量指标**的信息，并且就你打算在项目管理信息系统及进度工具中如何管理进度信息做出安排。要确定进度信息的**管理沟通**方式，包括你打算在报告、**演讲**和其他文件中使用的格式。还要确定在整个项目期间你打算使用的**控制进度**方法。对于你使用的软件工具，不但要采取适当的安全措施，而且要为如何储存和远程访问做出计划。

最终敲定并使用你的规划进度

与项目发起人一起验证你规划进度的过程，将你的计划记录在案，并将你的意图通知项目团队成员。

使用你的计划来完善项目的估算和进度安排。要使你的规划进度与项目的**规划范围**、**规划成本**及其他项目计划相互协调起来。应当通过你的规划进度来最终完成**项目基准**的设定。

项目范围管理的技巧

84

范围变更控制

> 内容：对项目可交付成果的规格变更进行管理。
> 阶段：在项目执行期间。
> 结果：接受那些利大于弊的变更，拒绝或延迟已提议的其他变更。

确定变更控制程序

一旦最终完成项目的**范围定义**和**项目基准的设定**，就要使用已经形成文件的范围管理程序来处理项目范围的变更。对于**整体变更控制**来说，管理项目可交付成果的规格是一项核心工作。尽管该控制过程的正式程序各不相同，但即使对于那些短期的或使用敏捷方法的项目来说，一个书面的程序对于维护项目范围的稳定和控制工作也是大有帮助的。最有效的办法不是直截了当地拒绝，而是迫使所有提议的变更在成为项目的一个组成部分之前，能证明其商业价值。图84-1给出了一个典型的变更管理过程流程图。

有效的变更控制还需要具有适当权力的人，这些人负责对提议的变更进行审核、分析和决定。为了避免经常出现不必要的变更，批准人需要有权说"不"（或者至少是"现在不行"），并且能坚持己见，毫不动摇。

审议变更建议

人们之所以要对项目范围提出变更建议，可能为了解决项目难题，也可能为

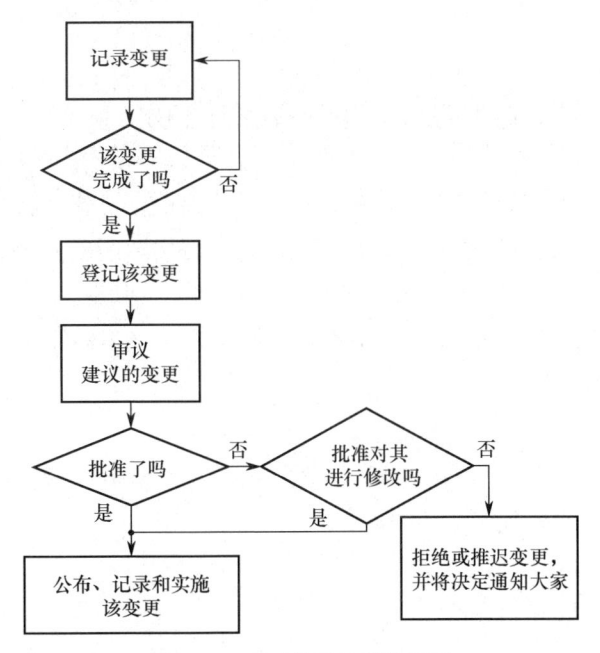

图 84-1　变更管理过程流程图

了利用已出现的机会。无论其原因和动机是什么，都要以书面形式记录所有的建议，并且应当包含以下信息：

- 实施该变更的必要性，或者希望达到的结果。
- 对该变更所带来的好处进行定量分析。
- 估算该变更对进度、成本及其他项目因素所造成的后果。
- 实施该变更所需要的具体资源。

在提交该建议后，要对每项建议的完整性进行审查。如果发现有些信息尚不清楚，或者有些数据缺失，那么在进一步考虑之前，要将建议退回给该变更的申请人，令其重新修改。

当觉得该建议已经令人满意时，将该建议登记在案，并安排时间对其进行审核。要向那些负责评估、审查和批准的人员提供有关该变更的信息，并让申请该变更的人员知道在什么时候能得到结果。有些项目领导者发现这种做法很有用，即把变更分为小型变更（变更对可交付成果或项目本身所造成的影响是微不足道的）、中等变更（项目范围有所变化，但是对项目计划的影响不大）及重大变更（无论是对项目的范围，还是对项目的基准都产生很大影响）。

对每个已提议的变更进行分析和决定

对于每项变更,都要审查当前的情况,并且要证实已建议的变更是最佳选择方案。还要验证该建议变更的可行性,以及它能否实现所期望的结果,以避免造成不希望的后果。

要对建议变更所产生的影响进行分析,确定它对以下问题可能造成的后果:

- 项目进度。
- 额外的项目活动和工作量。
- 有关额外设备、部件、培训、修改工作,或者处理废弃物品等方面的成本。
- 购买材料或外包工作的合同。
- 客户满意度。
- **项目的目标和优先级。**
- 其他项目。

要对已建议的变更所带来的好处进行评估。对于为了解决问题而做出的变更,要确定其对费用的影响,以及是否会导致进度延误。如果该变更是为了回应外部情况的变化(法律要求变化了;出现了新标准;竞争对手采取了某些行动等),就要对如果不回应而造成的后果进行评估。如果该变更是为了利用新机会,那么,就要对该变更是否会扩大销售,提升价值或产品的效用等进行切实的(而不是理想化的)评估。如果该变更是为了满足客户的要求,那就要搞清楚,客户为什么需要它,以及客户为什么认为这种变更是值得期待的。

要对每项变更的净效益进行分析。在将接受该变更所产生的成本和其他后果与其合理的预期收益进行比较后,确定其总的效益有多少。在考虑同时实施多项变更时,要依据实际的净效益和其他标准来对这些变更按照优先级进行排序。

应当使用一致的**决策**程序,并迅速做出决策。对于每项可能的变更,有四种选择:批准、修改后批准、推迟和拒绝。对于所有缺乏正当理由和可靠商业基础的变更,要坚决予以拒绝。在批准一个有益的变更之前,要验证它的确是必需的,并且考虑将其推迟进行可能产生的影响。在批准变更时要三思而行,只有在该变更既能符合重大的商业需要,又能满足项目约束条件的情况下,才能予以批准。

沟通和记录

要把每项变更都记录在案，写明实施该变更的理由，并将决定通知团队成员、相关方和申请该变更的人员。

要把每项变更的处置情况登记在册，并将决定实施的变更添加至项目信息档案，以便在**项目评审**和**项目取消**阶段的吸取经验教训工作中进行使用。维护一份推迟变更列表，以便在将来的迭代、阶段或后续项目中使用。

在必要时，要对项目计划和项目文件进行更新，并且在实施重大变更后重新进行**项目基准的设定**。

对于得到批准的所有变更都要迅速进行实施，并对期望的结果和任何意料之外的后果进行密切监控。

项目范围管理的技巧

85

定义范围

> 内容：正式阐明项目的可交付成果。
> 阶段：在项目启动和项目规划期间。
> 结果：一份明确的、关于所有可交付成果的范围说明书和规格。

收集可交付成果的数据

在开始定义范围时，也要考虑**规划范围**和**项目的基本框架**决策等工作。

收集从**项目启动**工作中产生的项目信息。对于规划范围而言，其输入包括：

- **项目的目标和优先级**。
- **项目章程**。
- **收集需求**。
- 约束条件和假设条件。

根据需要，让核心团队和其他人员参与对已获得信息的评审工作。

要对项目数据的完整性进行评估，考虑的方面包括：

- 是否符合相应的规章、法律和标准。
- 对替代方案和竞争形势进行分析。
- 可测量的绩效和其他目标。
- 交付、支持、培训、文件、安装、分配及其他方面。
- 技术或其他方面的风险。

将每项已知的项目可交付成果都记录在案，并且找出缺少的数据。

解决未知问题

如果你缺乏任何有关用户要求的信息,就要组织或参与**客户访谈**或其他**市场调研**工作。对于重要的缺失信息,要确定开展哪些必要的工作,并找出需要增加的项目活动。如果所需的信息依然无法获得,请在**识别风险**的过程中关注它。

对于每个项目的可交付成果,要通过"是/不是"表一一列出,以便将其含糊不清之处减少到最低限度。应当把所有该表中列为"是"的那些要求和约束条件都记录在案,对于那些希望有,但不强求的项目范围特性或方面,列入该表中"不是"那一栏。可以使用**头脑风暴**或**创新解决问题的方法**来探索各种机会,并选出最佳的可交付成果选项。

对于那些采用敏捷方法的项目,也要根据价值、优先级、紧迫性或其他相关标准,找出今后工作循环或阶段的要求。要特别重视下一次或两次迭代的详细可交付成果的定义,要随着工作的开展,为处理未知的情况,对今后可能做出的调整制订相应的计划。

应当对每个项目可交付成果确定可测量的标准,并将**定义范围**工作中所使用的测试和评估程序记录在案。要确定谁有权来批准测试结果并最终签字确认。

将项目范围记录在案

要编写一份高层级的项目范围说明书,其中应当包含对所有承诺的可交付成果的简单描述。

对于每个可交付成果,要具体说明:
- 它是什么,以及它不是什么。
- 应当具备的功能。
- 接口和适用性要求。
- 有关性能、可靠性和**控制质量**工作的**规划质量**管理。
- 所需的文件、培训和支持工作。
- 验收测试。

将你打算在整个项目期间如何处理项目范围的方法记录在案，重点在于如何处理项目**范围变更控制**。

获得批准

要与项目发起人、用户、客户及其他必要的相关方一起，确认项目范围说明书、可交付成果的定义及范围管理的计划。在制订计划的初期就要消除每个误解，以避免今后发生反复和变化。在必要时，应当通过正式的签字来认可你的范围文件。

应当将规划范围中有关活动的数据作为**工作分解结构**和其他制订项目管理计划工作的基础，也可将其用于**整体变更控制**。

项目范围管理的技巧

86

规划范围

> **内容**：定义项目范围工作的文件。
> **阶段**：在项目启动和项目规划期间。
> **结果**：一个明确定义的过程，说明在整个项目期间如何确定和管理项目可交付成果。

规划范围的准备工作

规划范围是整体制订项目管理计划的一部分，该工作首先要对来自项目启动阶段的信息进行审议，这些信息包括：

- 项目的基本框架的决策。
- 项目的发起人和识别相关方。
- 项目的目标和优先级。
- 项目章程中的部分内容，特别是那些与期望的结果有关的内容。

找出你需要的、但是仍然缺少的信息，然后设法获取它们，在必要时更新项目文件。

还要考虑项目的生命周期及项目的方法论要求等问题。传统项目的规划范围包括大量的前期工作，以便从总体上锁定项目的参数和需求；而对于那些使用敏捷方法的项目来说，则应当根据反馈和频繁的范围调整来制订逐步交付结果的计划。当规划范围时，应当采用最适合具体情况的工作方法。

完善项目规划范围

要确定在你的团队中需要由谁来参与规划范围的工作，并且要取得他们的承诺，让他们保证参加**收集客户需要**、**定义范围**及完善**工作分解结构**等工作。确定**项目启动研讨会**的日期，并且把规划范围工作也加入该会议和其他规划**会议**的议程。

确定你将如何收集与保存项目规划范围的有关信息，以及你打算如何在项目管理信息系统中管理这些信息。在整个项目期间，要确定你打算在项目范围报告、与可交付成果有关的**项目度量指标**，以及你计划使用的**范围变更控制**中采用什么样的格式。就这些项目范围信息而言，对于便于其存储、远程访问和进行**管理沟通**所使用的软件，要制订相应的计划。

要使规划范围与**规划质量**密切配合，并且确保总的项目计划能够既支持实现项目**范围确认**的各种参数，也能支持满足客户、用户及相关方的需要。

最终确定并使用你的规划范围

要与项目发起人一起确认项目规划范围的方法，特别是关于处理项目**范围变更管理**的方法。将你的计划记录在案，并将你的意图通知项目团队成员。

使用你的计划来创建和记录项目范围。使规划范围的工作与**规划进度**、**规划成本**及其他项目计划的工作协调进行。用项目规划范围来完成**项目基准**的**设定**。

项目范围管理的技巧

87

确认范围

> **内容**：使项目的可交付成果获得正式的接受。
> **阶段**：在项目执行和项目收尾期间。
> **结果**：对于项目所取得的中期和最终结果，由客户和其他相关方签字认可。

审核验收标准

作为**制订进度计划**的一部分，应当将测试、确认以及获得项目可交付成果的正式批准等活动考虑在内。确认范围是**项目取消**工作重要的组成部分，但是在整个项目期间，始终都存在确认工作。要根据项目**规划范围**来进行范围确认，并且应当把该工作与**质量保证**和**控制质量**结合在一起。

审核**收集需求**、**定义范围**、**工作分解结构**、绩效目标及其他范围文件。将验收测试所需要的程序、标准和设备等都记录在案，并且确保这些资源都已就位（一旦有需要随时都能正常运用）。当需求通过**范围变更控制**被修改时，在必要时，要对规格和验收测试进行更新。

测试和评估

当项目完成了阶段性任务时，要和项目团队一同对其进行内部评估，对成果进行检查、考查和核对。查明是否有缺陷和问题，在必要时修改你的计划，并设法修正其不足之处。

对于那些需要外部确认的项目可交付成果，应当邀请对测试和评估结果有签字权的相关方参加，以验证可交付成果符合所有规定的要求。

如果项目可交付成果满足规格要求，就获得了正式认可。如果可交付成果没能符合规定的标准，则应当开展以下工作中的某一项：

- 迅速解决问题，并获得签字认可。
- 根据考核结果，**磋商项目变更问题**，然后获得签字认可。
- 搞清具体情况，计划下一步的工作。
- 研究解决问题的其他工作（或**项目取消**）。

将签字（或状态）记录在案

将项目范围的确认结果合并到**管理沟通**和项目绩效报告中，并将所有的检查和测试结果都添加至项目管理信息系统。

通用管理的技巧

88

用于项目管理的软件和技术工具

> 内容：使用计算机软件来促进项目管理和沟通工作。
> 阶段：在整个项目期间。
> 结果：降低管理费用和工作量，获得质量更好的项目信息。

软件工具

现代项目管理越来越依赖于那些具有信息处理、沟通及其他功能的技术。选择并有效地使用恰当的工具能大大增加项目的成功机会，并减少工作压力（错误的技术会适得其反）。

选择用于制订计划和进度的工具

小型项目易于管理，不需要专门的技术，但对于项目集而言，采用项目管理软件则大有助益。在确定挑选工具的标准时，首先要了解你的同行正在使用什么工具。采用那些别人在类似项目中大有成效的工具实为明智之举，但这种做法也不妨碍你在必要时向当地的专家请教。还要考虑的因素包括成本、功能性、易用性，以及是否具有编写报告的功能等。如果你已经有相应的软件，那么应当听取**项目办公室**的建议。在**规划进度**一章中，我介绍了在选择、采纳和使用进度软件方面的一些具体技巧。

一旦你选定了某种工具，那就使用它。尽管没有一款软件是专门为你的项目量身打造的，但是它能使你的工作变得轻松些。在**制订项目管理计划**的过程中，这些工具的数据库能帮助你收集和汇总项目信息。而规划进度的软件则能在"如果……则……"分析、**约束条件管理**、**优化计划**，以及**规划风险应对**等工作中大显身手。在整个**项目计划**的**执行**期间，软件工具还能帮助你**收集状态情况**，并为**控制进度**和**控制成本**等工作提供支持。

选择用于项目沟通管理的工具

在规划沟通管理方案中，要考虑所有合理的沟通选项。可以通过使用**管理沟通**和**沟通控制**的技术来支持编写项目报告，并将项目团队需要的数据进行存档。

在与分布式团队一起工作时，应对你打算使用的技术工具仔细挑选。为了与**全球化团队**进行沟通，要选用那些所有团队成员都了解并能够有效运用的工具和技术，还要进行测试，以确保它们之间的兼容性。

对于**会议**而言，召开远程会议是最常用的方法。电话、视频会议，以及基于计算机网络的会议都是卓有成效的。当与会者需要分享图片、表格、软件程序、实时视频或其他复杂的视觉信息时，建立专门用于召开视频会议或其他网络会议的媒体室是特别有帮助的。对于这些依靠技术支撑的会议，必须选择那些所有与会者都会使用的技术，并且要将该技术融入**项目的基本框架**。

对于虚拟团队，特别是当时差很大的时候，通过电子邮件和其他计算机通信技术进行正式沟通是至关重要的。要尽早解决访问、技术兼容和安全方面的问题，这样才能使团队成员轻松愉快地进行沟通。每当要进行更新或版本升级时，要提前告知每个人。在每次更改或更新后，都要再次进行兼容性测试。要确保所有团队成员可通过他们使用的软件，来访问存储在计算机网络上的电子邮件和文档等各种附件。如果某些团队成员只有有限的网络访问权限，就应当避免使用那些需要大容量文档或占用很大带宽的技术。

在整个项目期间，要考虑将社交媒体、即时通信或其他电子沟通方法作为非**正式沟通**的组成部分。要充分利用它们在增进成员相互关系和团队精神方面的优势，同时也要尽量减少它们可能带来的干扰，避免降低生产力方面的问题。

还要考虑的是，在文件共享和合作方面，你打算使用的工具是否能提供足够的兼容性、效能和安全性。在技术项目中，在仔细斟酌和符合项目要求的前提下，采用以网络为基础的工具、文档服务器、项目管理软件及其他远程合作工具将是非常有效的。

考虑其他工具

风险管理软件（既包括与进度软件兼容的软件，也包括可嵌入高端项目管理软件的具有相应功能的软件）对于**定量风险分析**和为项目建模也是十分有用的。

对于复杂情况下的**决策**问题（这时，评估工作将基于对标准进行的加权），决策支持软件会发挥很大的作用。

对于大型项目的问题跟踪系统，无论是购买的，还是基于电子表格或其他数据库的，都能促进**问题管理**和**整体变更控制**工作。

对于政府项目和大型商业项目来说，时间和资源跟踪软件能满足编写详细报告的要求。此类软件还能自动收集有关**挣值管理**度量指标方面的信息，并有助于精准地**预测项目完成**情况。

通用管理的技巧

89

项目的发起

> **内容**：建立并维护项目的管理和组织工作。
> **阶段**：在整个项目期间。
> **结果**：项目得以快速启动，保护项目资源，加快决策，消除障碍及处理上报问题。

确定发起人的角色

不仅在开始阶段，在项目的整个期间，发起人都必须承担以下责任：

- 启动——承诺供给资源；提供数据；引导工作起步。
- 为制订计划提供支持——提供指导；对计划进行核准。
- 为项目的实施提供支持——进行决策；解决问题；予以批准。

项目的启动

发起人挑选项目，但他们常常不提供开展项目所需要的所有信息。如果**项目的目标和优先级**不清楚，或者**项目章程**不完整或有缺失，就必须弥补该缺陷。需要从发起人那里找出其开发项目的目的。

应当与发起人一起**识别相关方**，列出那些能为项目成功实现做出贡献的人。要落实的一点是，用于编制报告及**规划沟通**管理的**项目的基本框架**决策将能对**管理相关方参与**给予恰当的支持。

要落实发起人对提供启动项目所需资源的承诺，包括人员配备、资金、设备、出差、培训，以及其他可以确定的费用。

在得到发起人的批准后，要召开**项目启动研讨会**，以使项目尽快且有效地启动。如果有可能，应当请发起人参加该研讨会，不管是在会议一开始，还是在会议结束前参加都行。

在对项目资料和**规划范围**进行初步分析后，要和发起人一起，通过确认项目**范围定义**和整体的优先级，来核实你对项目的理解是否正确。

项目的发起工作十分费时。那些同时开展六个以上项目的发起人，即使面对的项目都很小，也至少会偏向支持其中的一个。要和他商讨在整个项目期间你需要的持续支持都有哪些，并且确保得到他的承诺。

支持制订计划

在**制订项目管理计划**的整个期间，要使发起人随时了解（但不必参与）你的工作进展情况。

随着制订计划工作的开展，在必要时应当请示发起人，就**决策**，以及在**约束条件管理和优化计划**之间如何取得平衡等问题，听取他的指导意见。

在制订计划的过程中，还要就**问题上报**、**范围变更控制**及其他项目控制方法等问题，确定必要的工作程序。要确保发起人支持这些控制方法，将这些方法记录在案，并请求明确的批准。

在结束制订计划工作时，要把所有的计划文件汇总。如果根据最好的计划，预期的结果依然无法实现发起人想达到的目标，那就起草两份或更多的详尽计划，来支持其他更可靠的项目。在与发起人**磋商项目变更问题**时，可以运用这些数据。在确认一个实际可行的项目后，要冻结项目范围的各种参数，并完成**项目基准的设定**。将这些基准最终定案，并将其用于**管理沟通和监督相关方参与**等工作。

指导项目实施

应当经常向发起人通报项目的扼要情况，并及时提供所发生事件的真相，哪怕这些事件包含了坏消息。要定期与发起人会面，讨论工作的总体进展情况，使项目始终处于透明状态。

如果**整体变更控制**工作在某些方面对项目的目标造成了影响，就要请发起人来评估各种选项，并进行决策。

一旦发生因发起人没能处理**上报的问题**，给予必要的批准，或者及时对问题进行决策等而造成项目停摆，可以使用**问题管理**程序要求发起人在给定时间内解决问题，并告之继续拖延下去可能造成的后果。在必要时，可向你的上级汇报，并在项目情况报告中将问题记录在案。

倘若一连好多天都无法联系到发起人，就要他指定一个负责人，这个人应当有决策权和签字权，以保证工作不会中断。

当**项目取消**时，要通过项目**范围确认**来获得发起人对最终可交付成果的认可。

尽快替换失去的发起人

如果项目发起人走了（如工作调动、健康问题、得到提拔、辞职或退休等原因），应当尽快找到一个新的替补发起人。要将该项目的价值，以及假如无法说服高层人员支持该项目可能造成的后果等情况记录在案。新发起人的可能人选包括：一旦该项目失败会受到不良影响的人；重要的、有影响力的相关方；有权（或可能）取消该项目的人。可以运用**无职权的影响力**来确保新发起人能对项目予以持续的支持。

项目相关方管理的技巧

90

监督相关方参与

> **内容**：维护与相关方的关系，并取得他们对项目的支持。
> **阶段**：在整个项目期间。
> **结果**：使相关方对项目抱有切合实际的期望，始终保持与关键相关方的良好关系。

设定期望结果

通过使用在**规划相关方参与**中所确定的方法，来邀请他们设定**项目的目标和优先级**。在**识别相关方**的过程中，你会列出一些相关人员，要把他们的意见与**收集需求**得出的结果一并考虑。在**定义范围**及完善制订**项目管理计划**的整个过程中，都要与关键相关方，尤其是那些负责**项目的发起**的相关方一起验证你决定的项目参数。应当邀请那些负责**确认范围**的相关方参与**项目基准的设定**，对于具体的评估和测试标准、时间及其他项目要素，都要获得他们明确的同意。

积极地管理这些期望结果

要让相关方随时了解**项目的基本框架**和**规划沟通**管理的大致情况。要始终把**管理相关方参与**纳入你的**会议**、项目报告及其他**管理沟通**工作。

一旦出现问题，应当迅速有效地运用**问题管理**程序，例如，增加沟通次数，在必要时邀请他们参与解决这些问题。要开诚布公地开展所有的沟通工作，并向相关方提供有关恢复计划及解决问题进展情况的具体信息。

如果发生了项目变更,要按照规定的**整体变更控制**程序进行处理。对于所有重大的变更,应当根据需要,邀请相关方共同**磋商项目变更问题**,并将项目基准的改动情况通知所有的相关方。

对于费时较长的项目,应当邀请相关方参加你的**项目评审会**,或者至少要向他们提供有关这些变更的建议或结果的概要报告。

项目相关方管理的技巧

91

管理相关方参与

> **内容**：及时与相关方沟通，向他们提供项目情况的准确信息。
> **阶段**：在整个项目期间。
> **结果**：得到项目关键相关方充分的理解。在项目结束时得以顺利完成收尾工作。

与相关方建立沟通关系

依据你的**规划沟通**管理方案和**规划相关方参与**方案，与相关方建立沟通关系。应当采用相关方认为有效且方便的方法来进行沟通，同时要确保你和相关方计划使用的软件和技术工具是相互兼容的。

在日常的项目**管理沟通**中，应当使用标准格式，以确保相关方能找到他们需要的信息。要编写有针对性的报告，以便在与关键人员（如项目发起人）沟通时能取得最好的效果。在与相关方的沟通过程中，要尽量少用缩略语、技术行话、俗语，以及对方可能不熟悉的说法，对于必须使用但可能引起不解的技术术语，你一定要对其给出明确的定义。

保持与相关方的沟通

在整个项目期间，要依据**项目的基本框架**中所确定的方法分发项目报告和其他沟通信息。只要相关方提出要求，就要提供报告，即使在有压力的情况下，或者是在报告坏消息的情况下也要这么做。如果确实有坏消息需要报告，那么你应当始终抱着开诚布公的态度，并且就如何解决相关问题提供具体的说明。

要通过项目报告来始终保持项目进展情况的公开透明，并以此来支持**监督相关方参与**的工作。在向有影响力的相关方提供正式的情况报告时，在报告发出之前，要反复审查你写的内容。应当从收信人的角度来读你的报告，并对他们可能感到复杂的问题进行详细的说明。对于那些与项目没有直接关系的相关方，可以用图表、图例及简单的说明来讲清楚技术问题。对于可能引起误解的内容，要重新改写，并从你的报告或**演讲**中删去所有无关的细节。

应当与你的相关方定期会面，或者至少通过打电话来加强联系。你们的谈话重点是项目问题，但是至少也要花一点时间进行**非正式沟通**，以便保持良好的和相互信任的关系，而这种关系正是项目成功的基础。

项目相关方管理的技巧

92
识别相关方

> 内容：找出与项目有关的，或者可能有关的那些关键相关方。
> 阶段：在项目启动和项目执行期间。
> 结果：一张列出所有可能影响你的项目，或者可能受到你的项目影响的人的综合名单。

找出你的相关方

一些相关方是那些能够影响项目的人，既包括那些能发挥积极影响的人，也包括那些起消极作用的人。其中，主要关注那些承担**项目的发起**责任的人，正是他们提出该项目，然后为项目提供资金并监督你的工作。其他有可能影响项目的相关方包括：提供资源和人员配备的人、相关项目或项目集的经理、本单位的决策人、监管人员，以及其他对你的工作有影响力的人。对于通过公开发行股票筹集资金的项目，其潜在相关方的人数可能非常庞大。

此外。项目的最终结果也会影响一些人，而这些人也是你的相关方。这些相关方包括：客户和使用者、项目团队成员，以及你单位内和单位外的其他人。

描述并列出这些相关方

作为**项目启动**工作的一部分，应当列出一个名单以显示已知的潜在相关方。对于已识别的个人和部门，绘制一幅类似图 92-1 的"项目相关方备忘图"是十分有效的做法。

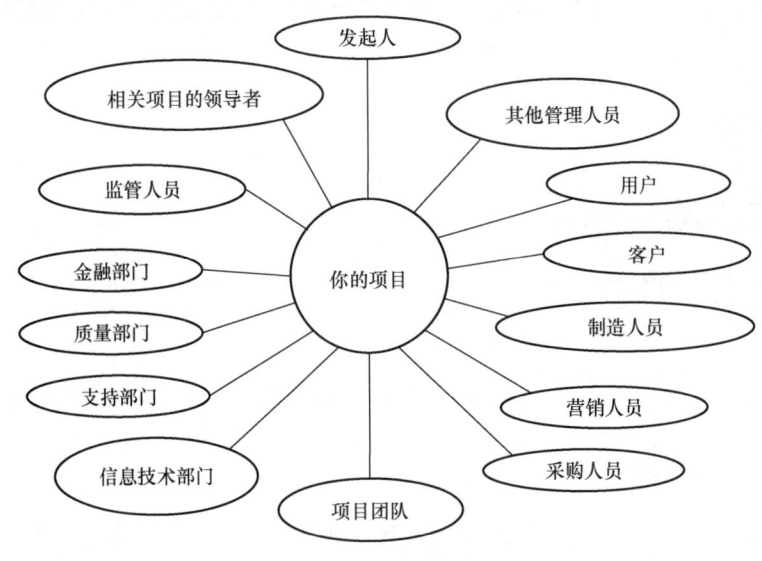

图 92-1　项目相关方备忘图

只要你能做到，就要明确地记下这些相关方。对于某些类别的相关方，你或许搞不清他们的名称，那么，就把有关活动添加至**工作分解结构**，以找出那些与项目有关联的关键人士。要在**规划相关方参与**和**规划沟通**管理方案中考虑这些相关方的需要。要与已识别的相关方一起讨论项目问题，并借此机会寻找其他的相关方。

对于每位相关方，都要将联系情况、角色和责任，以及其他信息都记录在案，因为你或许在**管理相关方参与**和今后的沟通过程中需要这些情况。

在所有与相关方的互动过程中，都要做到友好和开诚布公。要利用一切机会来增进信任，以便为**监督相关方参与**打下坚实的基础。

项目相关方管理的技巧

93

规划相关方参与

> **内容**：把你打算如何使相关方参与形成文件。
> **阶段**：在项目启动、项目规划和项目执行期间。
> **结果**：为与项目有关的关键人士的沟通和合作奠定了基础。

邀请相关方参与规划项目管理

在确定**项目的基本框架**时，应当邀请有关的相关方参加。要在**项目章程**和其他相关的项目文件中融入相关方的意见。鉴于那些能够影响项目的相关方对该项目有不同的期望和要求，因此要努力发现其中的冲突之处。应当主动接触他们，以便着手解决他们与**项目的发起人**之间的分歧。

确定相关方的要求

应当与相关方一起决定如何最好地处理项目的正式沟通问题。要在**规划沟通管理**方案中规定你将使用哪种专门的报告方式，并确定常规的**会议**、**演讲**和其他互动工作。要对最有效的沟通方式做出安排，并在**管理沟通**中充分利用**用于项目管理的软件和技术工具**。同时还要做好**非正式沟通**，以建立和保持相互信任的良好关系。

在项目实施过程中，应当向相关方提供报告样本，听取他们对该报告样本的内容和格式的意见，这样你就可以做出必要的修正，以改进**管理相关方参与**的工作。

并非所有的相关方都支持你的项目，特别是在项目初期更是如此。如果你发现有抵触或可能存在冲突的情况，要设法弄清楚它，尤其是当相关方对项目有很大的权力和影响力时，就更要引起注意。对于那些与你有良好关系的，但显然对**项目的目标和优先级**持保留态度的相关方，要设法理解他们的疑虑，并尽力将项目的目标和他们的需要保持一致。至于那些支持项目的，但和你没有私人关系的相关方，则要设法通过主动拜访、共同的同事等途径与他们建立关系，还可以邀请他们参与**制订项目管理计划和决策**等工作。总之，与所有相关方都要尽力搞好关系，也可运用**无职权的影响力**来将潜在危害的影响降到最低限度。在极端情况下，如果你明确知道了那些会成为对手或反对项目的相关方，就要与项目发起人一起，找出能够避免，或者至少尽量减少他们干预项目的办法来。

将与相关方的互动形成文件

作为**监督相关方参与**工作的一部分，你应当编写一份沟通计划表和沟通要求文件。应当向那些身处外地的相关方提供必要的设备，并预先做好计划，一旦沟通方式有所变化，要确保能够兼容。

对于相关方可具有何种权限来访问项目管理信息系统（PMIS）的问题，包括你将如何建立适当的安全措施来控制相关方能够（或不能）访问或更新该系统，都要记录在案。

还要为今后的会议、面对面的讨论，以及其他与相关方的互动做出安排，在适当的时候，应当邀请他们参与**范围变更控制**、**整体变更控制**，以及任何**项目评审会**。

领导力的技巧

94

制订计划研讨会

> **内容**：启动项目工作，并增进团队合作精神的会议。
> **阶段**：在项目规划或项目执行（或两者都包含在内）期间。
> **结果**：统一对项目目标和计划的认识；加快工作进展；形成有凝聚力的团队。

项目启动研讨会还有其他一些名称，如项目促进会、项目动员会、项目计划研讨会及项目发动会等。

为召开研讨会制订计划

应当说明你期望获得的收益，以证明召开项目启动研讨会是合理的。这种面对面会议的一个主要好处就是，能维持团队成员之间的相互信任和良好关系，为**管理团队**打下牢固的基础。对于**全球化团队**和其他虚拟团队来说，在项目开始时，召开一个人人都能参加的会议，甚至可能成为事关项目成败的大事情。其他收益还包括：对项目有清楚的了解；更快和更有效地启动项目工作；共同**制订项目管理计划**；提高团队的**积极性**等。但是随之而来的是，需要付出代价，如旅行、时间及其他项目费用。要为研讨会制定一个商业文案，并与项目发起人一起请求上级的批准，以使所有（或至少是大多数人）成员都能到会。

在召开研讨会之前，要收集好你将使用的项目文件，包括**项目的目标和优先级**、**项目章程**、**收集需求的信息**、**项目的基本框架**决策，以及其他项目和项目**范围定义**等。需要考虑在会前就将主要文件分发给与会者。

应当制订一个能实现会议目标的议程表。该日程表的长度和内容将根据项目的类型和规模而有所不同，但即使对于用时较短的项目，这种会议最少也需要半天。对于重大的项目来说，可能需要连续召开几天的研讨会才能更有成效。会议议程应当从介绍和回顾项目目标开始。对于每项重要的分析、计划，以及其他你想达到的会议目的，都要安排充分的时间。还要为团队建设工作安排一定的时间，以便团队成员能够彼此了解并熟悉起来。

还要确定的是，除了核心团队成员，还有哪些人应当出席会议，并且要将会议安排在他们能够出席的时间。在会前，应当得到所有与会者对出席会议的承诺。

要为**会议**做好后勤保障工作。如果你能排除任何干扰，会议的成效也就更大，因此，要在日常的工作场所以外安排适当的会议场地。要对会场进行布置，并准备好各种会议用品，如笔、白板、黄色不干胶标签纸等。如果某些必须参会的团队成员远在外地，那么，应当准备好有效的**用于项目管理的软件和技术工具**，尽最大可能邀请他们参加。尽管你可以自己主持会议，但是，请别人来代为主持，可以使你参与大家的讨论，并能更充分地表达自己的看法。

召开研讨会

首先对会议做一个介绍，并鼓励大家进行互动。讲清每个人对团队做出的贡献。花一点时间来回顾会议的议程和目的，对项目工作进行讨论（如果有可能，邀请项目的发起人一起参加），以确保每个人都明确项目的目标。

在会议期间，可以使用白板或其他工具来记录数据、问题、相关的设想、决定、计划及行动事项等要点。可以通过研讨会来核实已得到的信息，以进一步理解总的目标和优先级。通过对项目可交付成果进行"是/否"分析，来完善可交付成果文件。如果计划的工作已经展开，那么可以对**工作分解结构**进行审核，并对**估算活动持续时间、估算活动资源、制订进度计划、资源分析，以及识别风险**等工作进行进一步的细化和完善。

在研讨会中，应当包含这样一些活动：让大家分为二人一对或以小组的形式开展讨论，通过**头脑风暴**或**创新解决问题的方法**等集体活动来**建设团队精神**。要设法让会议开得生动有趣些。

在会议的最后，应当总结所取得的成果并确定今后的工作。对于今后采取的所有行动和任务，都要指定一个主办人并确定完成日期。在落实团队的承诺和感谢所有的与会者之后，会议就可以结束了。

研讨会之后的后续工作

将研讨会的结果记录在案，并将会议情况分发给团队成员和有关的相关方。应当与项目发起人讨论会议的成果。

要对所有行动条目和未完成的工作进行跟踪。

如果你使用了软件工具来**规划进度**，则应当将研讨会的结果输入数据库，并继续制订项目计划，以完善在**项目基准的设定**中所需要的其余数据。

项目沟通管理的技巧

95 收集状态情况

> **内容**：定期收集项目工作的信息。
> **阶段**：在项目执行期间。
> **结果**：获得及时、准确的工作状况数据，及早发现问题。

选择有效的方法

收集项目情况是项目领导者的一项重要职责。确定收集状态情况的方法是**规划沟通**工作的一个关键部分，并且也是**项目计划的执行**的核心环节。收集状态情况首先要从循环跟踪项目进展开始，而收集到的情况也是进行**项目偏差分析**和**控制采购**的首要前提条件。

有关收集状态情况的决策是**项目的基本框架**规划的一部分。有许多方法可以用来收集状态情况，然而大多数人都偏爱以书面方法来收集状态情况，因为这样可以减少含混不清的信息，并保留一份有形的记录。典型的方法包括：

- 电子邮件。
- 纸质或在线表格。
- 使用**项目办公室**提供的服务。
- 面对面的谈话。
- 电话访谈。
- 召开项目团队会议。

应当使用对你最管用的方法，并且尽量使收集工作简单易行，因为在大多数项目中，大家都非常忙碌。如果收集状态情况的工作既复杂又费时，反而会得不到你需要的信息。

收集状态情况的次数也各不相同，但大多数收集状态情况的工作应至少要每星期进行一次。对于使用敏捷方法的项目，通常应当在每天的碰头会上随时进行。如果收集状态情况的次数过少，将会造成**控制进度**的过程出现问题及其他不良后果。

收集状态情况

项目的情况包括两种类型——硬信息（事实和数字）和软信息（轶事趣闻、不实消息及非特定的一般信息）。这两类信息都是有用的。偏差分析、**沟通控制**及编写项目报告等，都依赖硬信息。而软信息则能揭示当前问题的根源，并且为潜在的项目问题和风险提供早期报警信号。

硬信息包括所有用于跟踪**项目的度量指标**，也包括用来进行**挣值管理**的任何度量指标。应当在每次对项目进行定期检查时，收集有关进度、成本和资源的信息。在必要时，还要收集有关项目范围和其他要素的指标。典型的硬信息包括：

- 已经完成或已经延误的活动。
- 活动实际开始和结束日期。
- 对于尚未完成的活动，其持续时间的调整情况。
- 已经完成或错过的里程碑。
- 实际的工作量和成本数据。
- 对于尚未完成的活动，其工作量和成本的调整情况。
- 有关最近的或建议进行的参数变更的数据。
- 验收测试的结果。

无论是在收集状态情况，还是在**非正式沟通**过程中，你还需要发现那些不那么引人注意的情况。这些软信息包括：

- 由于并行开展项目或其他工作而引起的冲突。
- 团队成员在工作效率上出现的问题。
- 项目环境可能发生的变化。

- 谣传所需的项目输入被延误了。
- 情况出现了问题，而这些问题的根源可能对项目产生影响。
- 出现了需要比你更有权威的人来进行解决的紧迫问题。
- 对于**上报的问题**，迟迟不进行解决。

避免陷阱

许多常见的问题会导致无法充分收集项目情况。避免发生这种事情的好办法包括：

- 不要"一棒子打死"那些带来坏消息的人。如果团队成员因为报告了问题而受到批评或惩罚，他们就再也不会说实话了。
- 要始终坚持在每个周期收集项目情况。特别是在压力大和发生危机的情况下，确切而及时的信息尤为重要，因此这时可以考虑增加收集状态情况的次数。
- 要承认并使用你收集到的情况。如果在别人看来你对收集的情况并不在意，你的团队成员就不会认真看待收集状态情况的工作了。要设法在**管理沟通**工作中用到所有团队成员提供的情况。
- 要努力从身处远方的**全球化团队**那里，以及从本单位外的成员那里收集状态情况。要坚持不懈，在必要时可以反复要求他们提供情况，要在他们工作的时间内与他们接触，并对你收集的情况进行核实。
- 要积极主动地进行倾听。对你听到的话要进行改述，以确保你正确理解了别人所说的意思。要多提出那些不能只用"是"或"否"来回答的问题，并且要努力探究问题背后的根源。

项目资源管理的技巧

96

获取团队

> **内容**：获得所需要的项目工作人员，以完成项目工作。
> **阶段**：在项目规划期间。
> **结果**：一份包括项目团队成员（他们都是可以信赖的）相关信息的花名册。

查明人员缺口

作为**项目启动**工作的一部分，大多数（或几乎所有的）项目团队都是被指派承担该项目工作的。如果**规划人力资源**管理表明还需要另外一些人手，就要查明还缺少哪些员工。

在**估算活动资源**阶段，要具体识别项目尚未满足的需要：
- 通过**对所需技能的分析**识别目前缺少的技能。
- 依据**职责分析**，识别你需要的、但尚未配备的角色。
- 在项目的有些部分，员工的负担过重。

将项目团队的需求记录下来，并说明如果不填补这些缺口，将会对时间、成本或其他问题造成的后果。

填补缺口

只要有可能，就应当按照本单位现有的程序和资源情况，通过重新调配内部员工来填补项目团队的缺口。

如果缺口依然无法填补，就需要制订一份人员配备计划，可通过以下方法来进行解决：

- 与那些兼职工作的团队成员协商，增加他们的工作量。
- **建设团队**，为现有团队成员培养新技能。
- 通过**规划采购**和**实施采购**，调用外单位的员工。
- 招聘和雇用更多的人员。
- 获得额外人员的其他方法。

如果你无法及时得到所需要增加的人员，就要与相关方**磋商项目变更问题**，对项目范围和时间进行协商，以便与现有的员工配备相匹配。可以通过加班来解决人手不足的问题，但这仅仅是最后不得已而为之的办法。如果你真打算这么做，那就要在**识别风险**的工作中将此列为一项重大风险。

记录在案

更新你的团队成员花名册，将新增补的人员添至其中，并且要附上他们的角色、责任、电话号码、电子邮箱及其他信息。

项目资源管理的技巧

97
建设团队

> **内容**：确保项目团队成员可以增加他们所需要的技能，提高全团队的工作效能。
> **阶段**：在整个项目期间。
> **结果**：一支有能力完成项目工作的、团结合作的、具有高效能的团队。

确定项目所需要的技能

作为一个项目的领导者，要时刻寻找机会来培养你的团队，使其学会新技能。通过掌握新技能，不仅团队成员会提高工作**积极性**，而且在人员配备方面，能为项目增加更多的选择方案，特别是当项目依赖于某个具有特殊专长的人员时，就更是如此。

根据项目的**规划资源**和**对所需技能的分析**，找出所需要的技能，而该技能是你团队所不具有的。对于这种无法通过**获取团队**来获得的技能，可以在你的团队中寻找一个能干的成员，他或许愿意学习这项新技能。

在运用**工作绩效问题解决方案**时，有可能发现技能缺口，因为有些工作缺陷正是由于团队成员缺乏必要的知识或技能所造成的。

要注意**范围变更控制**和其他项目变更所导致的对项目工作的修改，因为对于这些修改后的工作，你团队中目前可能没有一个人知道该怎么做。

增加新技能

可以通过以下办法来使团队获得新技能：
- 培训。
- **教练和辅导**。
- 与其他人通过网络进行交流。
- 自学成才。

即使由于紧急需要而不得不从外面引进人才，也要让自己团队的成员参与其工作，以便学习新技能，防止下一个项目也需要这种技能。

建设高效能的团队

可以通过**项目启动研讨会**来开展建设团队的工作；可以通过建设团队的活动来增强信任和增进相互关系；还可以通过团队成员之间进行面对面或小组活动来加强联系。

应当使**项目的目标和优先级**与个人目标统一起来。在设定**项目愿景**时，通过让每个团队成员清楚了解"这对我意味着什么"来提高大家的积极性。在**赋予责任**工作中，要将你的决定与员工个人的爱好结合在一起。要借助**无职权的影响力**来得到团队成员的承诺，特别是对于那些要向别的领导请示汇报的团队成员。

尤其是对于那些分布式团队或**矩阵型团队**，更要设法建立良好的工作关系。要鼓励面对面或小组活动。要迅速认识新的团队成员，设法找出兴趣、教育、经历及其他方面的共同之处。即使共处的时间很短，这样做也有利于相互了解，有助于避免产生分歧，或者在产生分歧后也易于化解**冲突**。对于增强信任和合作关系，面对面的交流是至关重要的，当项目遇到压力时，尤其需要依靠这种信任和合作关系来渡过难关。

通过定期开展非**正式沟通**来营造一种坦诚和开放的沟通气氛。不管发生什么事情，都要和你的团队肩并肩地站在一起。对于**全球化团队**的沟通，要把文化差异和时区差异铭记在心。应当采用那些大家都具备，并且都愿意使用的用于**项目管理的软件和技术工具**。改变召开电话会议的时间，只能加剧时区差异造成的不便。全球化团队的工作风格千差万别，所以你也应当调整自己的**领导力**风格和**管理沟通**工作，以确保团队精神和团结协作得到发扬。

应当通过正面的反馈来增强团队的凝聚力，无论是通过个人感谢，通过在沟通或项目报告中提及某人对项目做出的具体贡献，还是通过其他**奖励和认可**等，都是可取的。

项目资源管理的技巧

98

管理团队

> **内容**：建立和保持团队的生产力、协作精神、参与和信任。
> **阶段**：在整个项目期间。
> **结果**：减少冲突和混乱，更快和更节省地完成项目工作。

打下良好的基础

应当以非常明确的术语来定义团队的目标。要让每个团队成员都参与**收集需求和定义范围**的工作，并且让整个团队切实理解本**项目的目标和优先级**及**项目愿景**。还要让全体团队成员参与**制订项目管理计划**的工作，借助**无职权的影响力**，赋予重任，或者由团队成员主动认领项目工作来强化大家对工作的认可和献身精神。

在获取团队时，要挑选那些能干的人，他们应当具备在**对所需技能的分析**中所确定的那些技能。要清楚地规定每个团队成员的角色和责任，而**获取团队**的重点在于，发现那些具有良好人际关系、知识面广，以及不喜欢无事生非的人员。

要努力了解你的团队成员，并且确定在项目中运用哪种**领导力**最适合。运用你在待人接物方面的经验和知识，以便在共识管理和强制管理之间找到平衡。

要为团队建立标识或名字，以便能与其他团队相区别，并为此感到自豪。要对团队进行很好的组织，以便高效地开展工作。要确定能够提高团队合作效率的**项目的基本框架**，并且通过**规划沟通**管理来进行有效的信息流动。应当找出那些不需要的一般开销，将它们降至最低限度。

通过亲密交往是最容易形成团队精神的，因此如果有可能，应当在整个项目期间找一个团队成员能始终彼此接触的工作场所。如果无法做到，那就必须定期召开所有团队成员都参加的、面对面的**项目启动研讨会**。对于**虚拟团队**，则要设法通过可以到手的、最好的**用于项目管理的软件和技术工具**来加强沟通。

保持团队关系

要定期举行面对面的会议，如果条件允许，至少每个星期一次。即使对于**全球化团队**，也要每年至少举行两次全体团队成员参加的面对面会议，以重建和加强人们之间的关系。

要严肃对待项目沟通工作。应当通过**收集状态情况**、**项目偏差分析**、**管理沟通**，以及编写项目报告等工作，对项目的进展情况进行监督。要组织和举行有效的**会议**。除了正式沟通，也要通过**非正式沟通**来增进你与团队之间的信任，同时要鼓励团队成员开展非正式的交往活动。

当发生冲突时，应当在建设性的、没有偏见的氛围中迅速进行处理。要把**冲突解决**看作学习、改进项目工作，以及增进团队成员之间关系的好机会。

要鼓励大家诙谐、幽默，时不时地开点小玩笑。要定期举行一些由大家决定的活动，使团队成员能在工作以外一起娱乐和放松。找机会组织团队聚餐（一定要注意每个人的口味和饮食禁忌），应当选用那些大家都能接受的且对联络感情起作用的食物。

管理团队的绩效

应当通过积极开展**收集状态情况**工作，注意观察每个人的绩效。如果**项目偏差分析**表明出现了问题，应当与有关人员一起进行**问题管理**。要迅速面对和处理问题。当某个团队成员没能干好工作时，应当尽快找该人进行个别谈话，以寻找工作绩效问题解决方案。应当邀请你的团队成员参加所有与他们个人利益有关的**决策**。只要有可能，就使用团队分析和**创新解决问题**的方法来处理团队中的分歧。有些团队成员承包了项目的某项工作，那么可以通过**控制采购**来处理绩效问题。一旦问题超出了你的职权范围，或者你无法在团队内部解决问题，为了尽快处理，可以**将问题上报**，但这只能是不得已的办法。

有些团队成员是直接向你请示或汇报工作的，在对他们定期进行的正式考核中，要始终保持公正和诚实的态度。对于团队中那些向其他人请示或汇报工作的成员，你应当参与对他们的考核并提供自己的意见，同时在介绍他们的贡献和成就时，应当不吝啬你的赞扬并一一具体说明。在整个项目期间，应当就大家的绩效，经常与所有团队成员进行面对面的私下讨论。

要通过展示对团队的忠诚来保持大家的**积极性**，并对那些能够互相帮助，乐意挺身而出（承担其他工作）的员工进行表扬。要经常找机会来感谢大家的辛苦工作，并且充分运用单位现有的**奖励和认可**制度。

领导力的技巧

99

转变为项目领导力

> **内容：** 当你从普通项目工作人员转变为项目领导者时，应当了解需要做怎样的改变。
> **阶段：** 在必要时。
> **结果：** 迅速和成功地转变为项目领导者。

了解项目领导者的作用

与其他团队成员相比，作为项目领导者，其日常工作有许多不同之处，如表 99-1 所示。

表 99-1　普通项目成员和项目领导者的不同作用

普通项目成员	项目领导者
• 寻找最好的方法	• 寻找切实可行的方法
• 与"材料"一起工作	• 与员工一起工作
• 具体事情的专家	• 多面手
• 因个人工作而受到考核	• 因团队合作而受到考核
• 关注的是个人目标	• 关注的是项目目标和总目标

正是由于其岗位工作大不相同，因此向领导角色的转变过程会令人既感到关山难越，又倍受打击，同时，新领导者也往往不愿意丢开他们原先的技术工作。一般来说，对于每个核心团队成员，项目领导者需要拿出他们大约 10% 的时间来处理相关问题，所以，如果任何大型团队的领导者还同时保留相当多的技术工作

的话，他们就会发现，自己实际上在干两份全职工作。

项目领导者需要有一种系统的观点，并时刻不忘总目标。他们还需要培养对多任务处理的忍耐力，使自己在不断受到打扰的情况下仍能有效地开展工作。

重点在于沟通

作为项目领导者，其最重要的工作之一就是**管理沟通**，该工作包括：**收集状态情况**、分发信息及编写项目报告等。对于正式沟通来说，项目领导者应当成为畅达的"通路"，而不是崎岖的"障碍"。好的领导者还必须成为**沟通控制**的行家，也就是善于总结、过滤和向上（上级管理机构和项目发起人）汇报；向下（项目团队成员）及横向（相关的项目领导者）清晰地通报项目情况。此外，在整个项目期间，有效的项目领导者还应当在非**正式沟通**方面投入大量心血。

大多数领导者都要参与很多**会议**，所以，在尽量减少时间浪费，同时又能取得最大成效方面，领导者熟练掌握制订会议计划和主持会议的技巧是很关键的。同时，具有良好的**演讲**和做报告的技能也十分重要。

学会激发大家的积极性

项目领导者应当学会关心人，他们需要了解自己的团队，并以此来决定采用何种最佳的**领导力**。**管理团队**涉及将各个项目活动的**责任**赋予团队成员，这需要采取相应的措施来激发团队精神和大家的工作**积极性**。对于那些外单位的人员，可以使用**无职权的影响力**来团结他们。项目领导者还应当向团队成员提供**教练和辅导**，而每个团队成员也必须充分利用**建设团队**过程的各种机会。

制订全面的计划

对于项目领导者来说，制订项目管理计划是一项众所周知的责任。他必须负责编制计划，并确定如何储存这些信息，还必须熟练运用**于项目管理的软件和技术工具**。在必要时，他还要承担**磋商项目变更问题**的责任，以确保为**项目基准**

的设定打下可靠的基础。

关注业务重点问题

项目领导者需要通过**收集客户需要**和发起人的看法，以及**管理相关方参与**等，来了解本项目用户的需求。要想使项目取得完全成功，项目的资金和**成本预算**情况是十分关键的，因此，通过展现该项目的价值来证明这项投资物有所值也是项目领导者的一项主要责任。

项目范围管理的技巧

100
工作分解结构

> **内容**：为项目工作创建分层次的、综合性的描述。
> **阶段**：在项目规划和项目执行期间。
> **结果**：一份项目工作分解结构说明书（作为制订实际计划和跟踪的基础）。

准备工作

应当依据你制定的项目**规划范围**和**项目的基本框架**决策来创建项目工作分解结构。

编写项目工作分解结构是一项集体性工作。全面地发掘项目工作需要所有团队成员的意见，包括那些来自其他部门的、支持机构的人员，以及可能直到项目后期才参与项目工作的人员。应当邀请核心团队成员及其他可能有助于理解本项目的相关方参与这项工作。

要做好后勤工作。对于大型项目，工作分解结构是一项很费力的工作。即使对于中型项目，也要至少安排两小时的时间。你应寻找一个日常工作场所以外的安静地方，房间应足够宽敞，没有墙壁隔断。应提供必要的文具，如白板笔、黄色不干胶标签纸，以及用于在墙上固定大幅纸张的胶带或按钉等。

要把项目文件汇总，这些文件来自**项目启动**和**项目范围定义**等工作，如**项目章程**、**项目的目标和优先级**、项目范围说明书及**项目愿景**等。回顾**收集要求**的结果，以及有关项目测试、项目**范围确认**和验收标准等文件。还应提供以往类似项目的工作分解结构，以及相关的细分结构模板。

在与你的团队进行工作分解前，应首先把大型项目分解为一些较小的项目，以便将它们分配给每个不超过 12 人的团队。

识别项目工作

项目工作分解结构的目的是，用许多更小的部分或工作包来描述整个项目。项目工作分解结构是按照层次进行分解的，处于最下层的工作包代表的是整个项目的最小部分。这种最下层的工作包也常常被叫作"任务""故事"或"活动"，但是其术语的内涵差异很大。

在工作分解的一开始，通常会把整个项目工作分解为几项主要的次级工作，然后再按照不同的层次一级一级继续分解下去。可以通过**头脑风暴**及先前项目的活动列表来确定每个工作包。

将每个工作包分别记在一张黄色不干胶标签纸上，并以"动词—名词"的形式进行说明。用动词定义工作，用名词标识可交付成果。如"测试用户接口""走访客户"等。

应尽量保证一系列活动的完整性，也就是要把主要的项目管理任务和培训、整合及测试等活动都包含在内。还要找出在已经确定的任务之前和之后必然出现，而你没有考虑在内的任务。当任务太大时，要把它分解为一些更短小的任务。

继续这个分解过程，直到最下层的任务具有以下特征：

- 足够小。其标准各不相同，但是一般认为，最下层任务的持续时间应为 2~20 个工作日，或者工作量不超过 80 个工作小时。将项目工作细分到这种程度，可以为今后的**估算活动持续时间、估算活动资源、估算成本、制订进度计划、识别风险、收集状态情况、管理沟通**和编写项目进展报告等工作奠定很好的基础。
- 易于指派。可以明确地将每项活动指派给一个主办人。
- 可测量。活动的完成标准既具体，又清楚。

对工作进行整理

一旦各项活动已经确定并记录在案，就可以以逻辑结构的方式，用黄色不干胶标签纸来展示整个项目的层次关系。主要的可交付成果通常位于项目目标下面的第一层，另外，还有其他一些对项目工作进行整理的原则：

- 按照部门的功能（营销、研发、制造等）。
- 按照专业（木工、石工、管工、电工、油漆工等）。
- 按照技能（编写程序、会计、销售等）。
- 按照地理区域（斯图加特、班加罗尔、托皮卡、波哥大等）。
- 对于使用敏捷方法的项目，按照迭代（下一阶段的细节情况，以及为今后工作采取的临时决定等）。
- 按照**项目的生命周期**（分析、设计、构造、测试、部署等）。

当项目工作分解结构按照树形结构进行整理时，尝试把每个下一级的活动累加起来，并确保所得到的结果与上一级的工作包是一致的（这些下一级的活动就是从上一级的工作包分解而来的）。当项目领导者把工作包分解为 7 个或更少的部分时，工作分解的工作就更容易被理解和使用了。依据层次和复杂性的不同，项目工作分解结构的分支有很多变化。

记录和使用

可以使用一种缩进式的概略格式，按优先级顺序的待办事项列表（或用燃尽图）来记录项目工作分解结构，或者以类似图 100-1 的示例图来显示项目工作分解

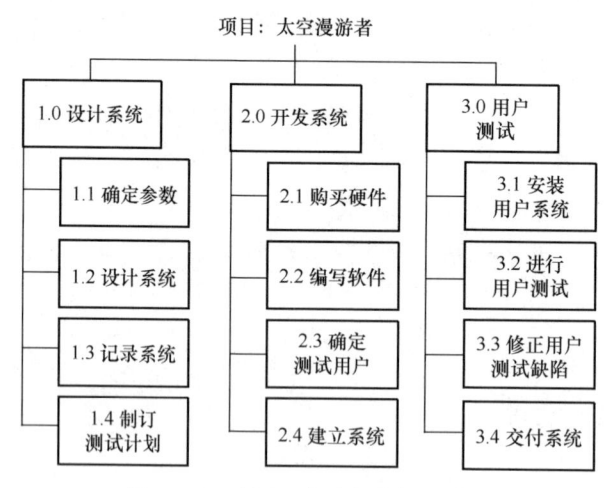

图 100-1　项目工作分解结构的示例

结构。对于反映这些层次的每个工作包，都可指定一个代码或标识符，而有关项目工作分解结构的数据则可以整理成项目工作分解结构词典，或者使用用于**项目管理的软件和技术工具**来记录。

项目工作分解结构既可以作为完善**制订项目管理计划**的基础，也可在整个项目期间作为项目范围的基准。在**项目计划的执行**过程中，一旦项目工作分解结构受到**范围变更控制**的影响——对于费时较长的项目来说，范围变更常常发生在**项目评审**期间——就要及时更新项目工作分解结构。